「私は私」で人間関係はうまくいく

和田裕美
Hiromi Wada

はじめに――人生がうまくいかないのは、あなたがとても「やさしい」から

私はちょっとだけ優柔不断な部分を持っている人が好きだったりします。

もちろん決断が早く、迷うことなく突き進む人のほうが世の中でいうところの〝成功〟を手に入れているのかもしれないけれど、**ときどき悩み、ときどき決断が鈍る人のほうが、ほんとうは情が深くて、やさしい**のだと私は知っているのです。

だから、そんな人が好きなんです。すごく人間らしいと思うんです。


でも、そんな「やさしい人」たちは、自分が傷つくこと以上に、相手を傷つけたくないと思っていて、人のことを考えすぎて決断できなくて、前進も後退もできず動けなくなってしまうことがあるようです。

そして、「いい人が貧乏くじを引く」という状況に陥ってしまう。


私は、そんな彼らを見ていると、なんだかすごく歯がゆい。

せっかくそんなにいい人なのに、なんかそれっておかしくないか？
そうして、私は我慢しきれず彼らにいいます。

「ねえ、**自分を大事にするってことは、けっして、「わがまま」なんかじゃないよ。ほんとうに幸せになりたいなら、自分という人間をないがしろにしちゃダメなんだよ！**」と。

どうかどうか、やさしい人よ。
もっと堂々と幸せになってください。

きっと新しい生き方を見つけたら、「いい人が当たりを引く」世の中がやってくる。
あと少しだけ厚かましくなれたら、「いい人が最後に笑う」世界が待っている。
私はそう信じて、大好きな「いい人」たちの幸せを願っているのです。

和田裕美

目次

第五章 どうしても苦しいとき、やり過ごす方法は必ずある

ブックデザイン　矢部あずさ
イラスト　石川 恭子

第一章

まわりの空気を読もうと、がんばりすぎているあなたに

「いい人」がいつまでたってもモテない理由

モテない担当の若月さん

実は、この本を一緒につくっている編集担当の若月さんは、目がくりくりでちょっとぽちゃっとした、白キューピーちゃんみたいな男性なんです。この方、外見だけでも、とにかく絵に描いたような「真面目でいい人」の代表みたいな人です。

その外見に加え、対面で話すときは、キューピー顔を真っ赤にして汗を滝のようにだくだくとかいて、ニコニコ笑っています。ときには著者に辛辣な言葉をかけないといけない編集者としてはどうなのか？　と心配になるほどでした。

まあ、そんな彼と一緒にこの本をつくりはじめたわけですが、次第に、なんかそんな心配も吹っ飛ぶほどに、ああ、この本は若月さんとじゃないとつくれない本なんだと思うようになりました。

なぜって、この本はまさに、いい人で、一生懸命で、真面目で、人のことを気にしすぎていいたいこともいえず、人のいいなりになったり、貧乏くじを引いたりしてる、若月さんのような〝もったいない人〟に向けて書きたかったから。

世の中の「いい人」が、もっとつかんでいいはずの幸せを、遠慮せずに、堂々とつかめるようにと願いを込めて書こうとした本だからです。

彼は、私が書いた原稿を読むたびに、こんなコメントをくれます。

「今、お原稿の整理をしながら、改めて何度も読み返しているのですが、つくづく僕のために書かれた本のような気がしてきました！（笑）。ウジウジ自分を出せない、出さない人、〝謙虚〟の意味を勘違いしている人に向けたバイブルにしたいですね！」

素直で、必死で、相手を立てようとするその姿勢は、不器用ながらも人の心に響きます。お世辞でもいい、私はこんなふうにいわれると、単純だからやる気が出る。

「いい人」はやっぱり「いい人」だ！　と……。

私はこの原稿に向かいながら、ときに煮詰まってくると、若月さんの白キューピー顔を思い出し、「若月さん、きっとこの本が完成する頃には、上司にも『僕はそう思いません！』と、鼻の穴をふくらませていえるようになるんだよ！」と、心の中で呼びかけながら、やる気を起こしているのです。

ということで、前置きが長くなりましたが、そんな若月さんは、全然女性にモテないそうなんです。「いい人」のはずなのに、いったいどうしてなんでしょう？

モテない白キューピーと、なぜかモテる黒キューピーの謎

さて、その白キューピー（若月さん）と、私の出版プロデューサーの鬼塚さんは、体の大きさといい、腹の出方といい、顔の丸さといい、目のくりくり感といい、「君たちは兄弟か！」と思うほど似ていますが、鬼塚氏のほうが色黒なので、私は、鬼塚さんを黒キューピーと勝手に名づけて、ひとりで楽しんでおりました。

しかし、この二人、外見は似ていても性格は対象的です。

〝独身モテないキャラ〟の白キューピー若月に対し、黒キューピー鬼塚にはきれいな奥さんもいて、若い頃から（意外にも）女性に困ったことがないのだそうです。

そして、白キューピーはいつも遠慮していて、「どうぞどうぞ」と譲ります。私が何かいうと「そうですね～」と目をキラキラさせて反応し、たとえば、「僕はこうだ」という前に、必ず「和田さんはどうですか？」と聞いてくれます。やさしいのです。

また、「僕はこの装丁パターンだと1がいちばん好きです」といっておきながら、黒キューピーに、「1はちょっとインパクトにかけるね」とかいわれると、「あっやっぱりそうですよね。そういわれたらそうですよね」と、あっさり引き下がります。

それじゃ、ダメでしょう？　と思うかもしれないけれど、それが白キューピーの個性……とにかくや

っぱりいい人なんです。

一方、黒キューピーは、打ち合わせの途中で、静かだなと思ったらいねむりしてるし、いきなり変な意見をいっては、その場の空気を凍らせたりします。また、「和田さんはどうですか?」と、一応、意見を聞く姿勢は見せますが、結局「でもね、でもね」と、しつこく、ねばっこく自論を主張します。

そんなことでは、いろんな場面で仕事相手とぶつかってトラブルになったこともあるはずなのですが、それでも果敢に新しいことに挑戦し続けるパワーがあります。

たぶん彼は、多くの修羅場をくぐり、たくさんドロをかぶって、だんだん黒キューピーになったのでしょう。

徹底していい人で、居心地がよい人だけど、ちょっと自分を殺しすぎてドロをかぶらないように生きてきた白キューピーとは、根っこにある「強さ」が違うのです。

だからこそ、白キューピーはたまには自分の意見を通して、それに反感を持った人から、ドロを投げてもらわなきゃいけないのです。

そのドロを「よし、きた〜」という感じで、顔面で受けるようにすることです。

どれだけドロをかぶっても、自分はなくならないし、人からも嫌われないし、むしろ、そのほうが自信がついて、次第に「頼れる人」になれるってことを、経験していくしかないのです。

「デブを言い訳にしてました」

そんな白キューピー（以下、白キューに短縮）も、さすがにこの本を（いわば自分のために）つくっているのですから、自分の言動や行動に「はっ」と気づくことが出てくるようです。

白キューは、私に原稿を書かせておきながら、自分は優雅に夏休みをとって旅行に行ったらしいのです（これはすでに「黒キュー」になりかけている傾向です！）。

旅行後、うれしそうにこんな報告をくれたのでした!!

「和田先生、今日まで、夏休みをもらって、職場の同僚3人で、グアムに旅行に行ってました。3人とも独り身で、デブデブかガリガリの男性なんです」

「脂肪、塩分、糖分の余分3兄弟みたいですね。で、若月さんはデブデブの脂肪のほうですね？」

「あ、はい。そうなんです。僕がいちばんデブです！　えへへ」

「えーと、それで？」

「ああ、それで、道中、どうして自分たちはモテないのか、どうして今、男3人で旅行しているのか、ということを延々議論していたんです。カップルを横目で見ながら……」

「なんか、情景が目に浮かんで辛くなってきました」

「空港で、オシャレな同世代の男性を見かけた同僚のOが、ぽつりといったんです。『なあ見かけから変えないとダメなんじゃないか？』と。僕は、ついいつものクセで、「俺は太っていてあんなオシャレな服は着れないし、もうそこは仕方ないよ」と返したんです。でも……」

「でも?」

「同僚のSに『それは謙虚でもなんでもないよ。変えられることを変えようと努力していないだけじゃないか』といわれました。それですっかり反省した次第なんです。で、僕らは旅行中に3人とも食事制限をし、ジムに通って体を鍛える約束をしました。ガリガリは筋肉をつけるんです。僕はまず、痩せて体力をつけるんです」

「すごーい決断。やったぜ、3兄弟!」


白キューさんはよほどうれしいのか、いつもより、すごく饒舌になっていて、すでに何かの変化が彼の中で起こっているように感じました。

「和田先生、僕、旅行から帰ってその夜に、先生の原稿を読んだんです。そこに『謙虚を言い訳にするな!』と書いてあるのを見て、なんだか、妙に自分とシンクロして、僕にいっている言葉としか思えませんでした。自分を甘やかすために、先回りして自分を卑下するようなことばかりをしてきたなあと、ほんとうに思います」

(このとき、白キューさんが読んだ原稿とは、この本の第六章です)

さて、白キューは、さらに自分に起こった気づきを、それは素直に、恥ずかしげもなく、堂々と話してくれました。

「わかったんです！『太っている』って、わりと楽な言い訳だったたって。『いやー、僕はもう太っちゃって、今は運動できません』とか、『太っているんで、オシャレできません』とか、『太っているんで、モテません』とか。

そういっていれば、球技で動きが鈍くても、昔はできたけど、今は太っているせいでできないといって、なんとなく男のプライドを保てるし、モテないのも、自分の内面のせいじゃなくて、全部太っているせいにできちゃいました。太っているのが悪いということではなくて、自分のダメなところを全部太っているせいにして、棚上げして、36歳になるまで自分を甘やかすために、先回りして自分を卑下するようなことばかりをしてきたなあと思います。

僕がこれに気づけないまま生きていたら、どんな人生になったかと思うと、ほんとに怖いです」

「なんか、すごい！　気づきですね。おめでとうございます!!」

「モテない、人間関係がうまく築けない、友だちがいない、仕事ができないとき、性格、能力、努力といった自分の根本のところに原因があると直視するのはあまりにしんどいので、あらかじめ『僕は、容姿が〜、年齢が〜、収入が〜』と、二次的な特徴を卑下して、予防線を張っちゃうんですよね」

「ところで聞きたいのですが、編集者として今まで何冊も本を読んで、つくってきたと思うのですが、どうして変われなかったんですか？」

「単なる知識としていて、自分のこととして考えることから逃げていたんです」

「わあ、勇気ある発言!! ありがとうございます。勇気を出したついでに、開き直り記念として、今、とてもいいことといっていたので、本に載せませんか？」

「えええ〜〜僕の言葉でいいんですか？」

「だって、生々しいから」

「まあ、出して何かいわれても、もう気にしません」


白キューピーさんは、この本をつくりながら、ほんとうに変わったんです。

自分で自分の逃げていた部分を見つめることができたからなのです。

読むのは、自分の空気が先でしょ？

周囲の空気を読む前に……

いつも「まわりの空気を読むこと」に一生懸命になっている方に、まずいちばんに気にかけてほしいのは、「自分が発している空気」のほうです。

他人が発している空気が、自分に悪い影響や、あるいはいい影響を与えるということはよくありますよね。

たとえば、上司が何もいわずに会社に入ってきただけで、「うわ〜、今日の部長、なんか機嫌悪そ〜」と嫌な気持ちになることがあります。反対に、「うわ〜、なんか、部長って今日、機嫌良さそうじゃん！」と楽な気持ちになる空気もあります。

このように、その人の出す空気というのは見えないところで伝染しているわけで、自分が発している空気も周囲に大きな影響を及ぼしているわけです。

つまり**「空気を読む」**とか**「読まない」の前に、自分がどんな空気を出しているかを知るほうがずっと大事**だ、ということになります。

自分の出している空気がドロドロしたものになっているとき、「空気を読もう」としたって無理なんです。自分がすでに空気を悪くしてしまっているわけですからね。

しかし、「それはわかっているんだよ。**その感情がコントロールできないから困ってんじゃないかよ**」って思う人、いますよね？　でも、大丈夫！　それが正常です（笑）。

そう、そんなことといったって、誰だっていつも気分がいいときばかりではありません。私なんかもひどいもので、ついついムカつくことがあってむす〜っとしていると、そうとう重々しい空気を発散してしまっています。だから、怖がって誰も声をかけてこなくなり、ついには周囲をシーンとさせてしまうのです。

そんな自分の空気をよくするためには、ちょっとした工夫が必要です。

自分の空気なら変えられる！

まず、なんだか心がしんどいなと思うときは、「私の空気は今、どんな色？」と、自分に意識が向くようにしてみるといいです。そして、「私は今、重い暗い気配を漂わせている」とか、「私は今ぴりぴりした黒い空気を出してる」と気づくことができたら、それだけでもう大丈夫です。

自分の気持ちに向き合って、**「そうか、そうか、私、怒っているね」というだけで、魔法のように自分の気配が軽くなる**のです。

私はさらに、悪い感情はためないで出したほうがいいと思っているので、「げ〜〜」「うげ〜」などと擬音語にして、黒いものを吐き出しておきます。

この**擬音語っていうのが大事**なんです。とくに、怒りの感情を持っているときなどは、「あんな人、消えたらいいのに！」といった、あまりにも否定的な言葉を使うと、それがブーメランのように自分に戻ってきてしまうからです（おお、こわっ！）。

だから、擬音語で発散するのがもっとも安全なのです。それでもう、80％は自分の空気が軽くなっています。さらに、残っている重い空気を消すには、「私、今、トゲが出てるから、距離、置いててね。しばらくしたら直るから」と先にいってしまうことです。そうすると90％くらいは解消できますし、それを笑っていえたら、もう100％、楽しい空気を出せるようになります。

このように、**自分の発する空気なんて、声とか行動で一瞬にして変えることができる**のです。周囲を気にするより、自分を整えることのほうが、ずっとずっと簡単です。

合わせるだけでなく、自分も表現者になってみよう

だからといって、「空気を読まなくていい」というわけではありません。

「自分の空気をまずは感じようよ」ということ。自分がどういう状態か、ちゃんとわかってから、人の気配を感じるようにするのです。

自分がにんにく臭いくせに、相手を「あんた、汗臭いよ」っていうのは、相手にしたら「あんたのほうがもっと臭いんですけど」という感じになるでしょ？（笑）

だから、**自分を知ってから、相手を知る**ようにすべきです。

孫子だって「彼を知りて己を知らば、百戦して殆《あや》うからず」（相手を知って、自分

自身のこともわかっていれば、負けることなし！）といっています。

相手の空気を知るだけではダメ！　自分の空気も知っているからこそ、お互いがわかりあえるのです。それが「調和」というものなんです。

音楽の世界でも、たとえば自分がギターのパートなら、他の楽器とひとつの音楽を奏でるために、どのくらいの音量で、どのくらいのリズムで弾いたらいいかを探って演奏するものです。要は、自分の音と周囲の音を「合わせる」ということ。これ、大勢のときは「オーケストラ」で、10人までが「バンド」で、30人くらいは「ＥＸＩＬＥ」とか「ＡＫＢ48」というくらいに思っておいてください。

ただし、**「合わせる」といっても、「迎合する」という意味ではありません**。自分を知って、相手も自分も心地よいように、ちゃんと「表現」するということなんです。

バックでダンスする人が「オレ目立ちたい」って、いきなりＡＴＳＵＳＨＩ《あつし》（ＥＸＩＬＥ）の前にしゃしゃり出たらアウトです。「こいつ、空気読めねーっ」ってなりますよね。

自分の持ち場と自分の役割を理解し、その**シーン、シーンで調和していれば、あと**

はもう自分のありのままを表現していいんです。

それが、ほんとうの意味での「空気を読む」という動作です。自分の空気を知って、自分の立場を理解して、今日、演奏する曲がわかっていれば、あとはまったくもって自由！　空気なんか一切気にしないでいいのです。

「迷惑をかけないように」がもっと迷惑をかけている

さて、ここからはおとなしい人とか、優柔不断な人はしっかり聞いてください。もともと人に気をつかって、普段から必要以上に空気を読んでいるので、やや過剰になってしまう人が多いからです。

相手を気にしすぎて、いいたいことがいえない。「これをいって嫌われないかな」と迷ってモゴモゴする。何かしようとしても、「これをすると人から何といわれるだろう？」と一瞬立ち止まって考えてしまう。**これは、楽しくしよう！　という行動ではなく、失敗しないようにしよう……という行為**です。どこか遠慮して、顔色をうかがっていて、おどおどしているようにも見られます。

だから、気を使いすぎるくらい使っているのに、ちっとも距離は縮まらないし、相手から見ても当たり障りのない反応しかしないつまらない人になってしまいます。

でも、**相手を見て、相手に合わせて、相手に影響されて、相手の世界に巻き込まれてばかりで、自分を殺している状態では、人と繋がるなんてできっこない**んです。

「あなたは何のために空気を読んでいるの？」

「迷惑をかけたくないため」

「自分の意見をいわないほうが、もっと迷惑なんだけど」

「えっ？」

と、いうことなんです。なんか、へっ？　って感じなんだけど（笑）。

場を読むのではなく、相手に共感するのだ！

営業の世界に入って間もない新人の頃、何かと世話になり、慕っていた先輩に、

「あんたは空気も読めないの？　ひとりでへらへらして！」

とすごい剣幕で怒られて、けっこう底のほうまで落ち込んだことがあるんです。

実は、その先輩が突発性難聴になってしまい、「片耳が聞こえなくなってしまう」かもしれないという話を周囲の人たちに話したのです。そのとき、私以外の人は、神妙な顔つきになりうつむいて黙ったり、なかには涙ぐむ人もいました。

でも入社したての私は、ポジティブシンキングを学んだばかりでした（まだ今の「陽転思考」に発展する前）。単純な私はとにかく「物事はいい側面から見よ」という教えを守るべく、ポジティヴに、ポジティヴに状況を受け止めようとしていたのです。

そして、悲しそうな顔をしている人たちを眺めながら、（ああ、あれじゃダメだよ）とさえ思っていたのです。

ここまで書けば、私がやらかしたことを想像できますよね？

そう、私はそんな空気を打ち破るべく、精一杯の笑顔と大きな声で、

「先輩、大丈夫ですよ～、なんてことないですよ。それに、万が一片方が聞こえなくなっても、残ったもう一方の耳は聞こえるんですよ！」

と、その周囲の暗い空気にできるだけ同化しないで、ひとりで明るい空気を出して、ニコニコしていったわけなんです。

「私だけが、先輩のことをわかっているんだ」というくらいの自惚れをもって……。

けれど、その後、先輩と2人になったときに、冒頭のように「もっと空気を読みなさい！」といわれてしまったのです。私は怒られたショックで呆然となりつつ、口では「すみません」と謝ったものに、なぜそんなに先輩が怒るのかわからないままで、なんとなく先輩とは距離ができてしまいました。

でもその後、自分が病気になったとき、先輩が怒った理由がようやくわかったのです。

当時、かたわらにいてくれた人が、私が病気を告げたとき、「ひろみは強いから大丈夫じゃない」と笑いながら明るくいったんです。

そのとき私は「えっ、そんな反応？」とムカッとしたわけです。「ちょっとは心配してよ！」と、さらに怒りが生まれてきました。

と、その瞬間、フラッシュバックしました。……その先輩の顔がぱーんと出てきて、「あっ、あのとき先輩はこんな気持ちだったんだ」とようやく悟ったのです。

そもそも「空気を読む」とは、その場の空気とか気配が暗いから、とにかくわけわからないけどおとなしくしておこうというものではありません。

相手が何を求めているのか、どのような反応を求めているのか、理解するということであり、共感するということ。それが、いわゆる「読む」ということ、つまりは「察する」ということなのです。

私は病気になったとき、心配して欲しかった。先輩も心配が欲しかったのです。

心細いとき、とっても辛いとき、私たちは、ふだんよりとっても弱くなります。

弱いときに、元気で強い光がやってくると、その光が眩《まぶ》しすぎて目を閉じたくなり、光よりも自分にできた影ばかりが気になってしまう。そして孤独になってしまいます。

だから、相手の空気が薄暗いときは、まずは相手の弱さに共感して理解して、同じ場所に行ってから、自分の明るい空気で包み込んであったかい場所に持っていく。それがハッピーエンドに向かう「空気の読み方」だと、今はわかるようになりました。

私のあのときの妙に明るい態度は、「聞こえなくなるかも」と絶望でいっぱいだった先輩にとってはとても強い日差しであり、心地よくなかったのです。

自分のために生きようよ

小さい頃からの「自己否定グセ」を直そう

私の周囲には、本を書いたり、起業している人が少なくないのですが、あるときふと気づきました。なんか、やたらと「小学校のとき学級委員をしていた」とか、「生徒会に入っていた」とか、「部活でレギュラーだった」などと、子ども時代に目立った経験がある人が多いってことに……。

そして、つくづく思ったのです。「ああ、子どもの頃の成功体験って大事なんだなあ。物怖《ものお》じしないとか決断早いとかって、こういうときに培った自信形成が少なからずも影響してるんだなあ」と——。

あっ、誤解がないようにいっておくと、貧乏だったとか、親が離婚したとか、どんなに悲惨な環境で育ったとしても、たとえばソフトバンクの孫正義さんのように、それをバネにして大きな成功をつかんでいる人だってたくさんいるし、人生は明るく幸せでいっぱいになる可能性に満ちていて、過去の事件が直接人生に影響することはまずありません。ただ、その「事件」を、**自分の心がどのように受け止めたか、その「できごと」にどのように対応したかだけが、ずっとずっと〝自信形成〟に影響してしまう**ってことを知ってほしいと思います。

なにか得意なことがあって、自分に自信を少しでも持てている子は、「やればできる」を小さい頃にすでに体験しているから「なんとかなる」って思って動けます。自分に自信があるからこそ、悲しみをバネにできるのです。

それに対して、自信のない子はどうですか？　なかなかそうは思えない。「私なんか……」となってしまうのです。

でも、「それ、私のことみたい……」と思った人にはぜひとも「安心」して欲しいのですが、実は私こそが、その〝自信形成〟ができなかった、ダメで情けない子どもだったんです。

正直いうと、私は大学を卒業して働くようになるまで、人生をすごく楽しいと思ったことはありませんでした。人が怖くて、人の顔色をうかがって生きるクセが身体にしみ込んでいるような人だったんです。

後で書くけれど、そりゃ、ありえないくらいにひどかったんですよ（苦笑）。

そんな私が、奇跡みたいだけど、けっこう変われたんです。しかもそれって、思考の「クセ」を直しただけ。

そもそも、**決断力がないとか、人と関わるのは苦手とかっていうのは性格じゃなくて、たんに小さいときからの「クセ」にすぎません**。

だから、それがわかったら、後は簡単なのです。

小さい頃、人の陰にいてなにかと貧乏くじを引いて損したぶん、今から全部を塗り替えられます。人生には大逆転があるんです。

そう考えると、ちょっと、わくわくしてくるでしょ⁉

「生まれてきて悪かったなあ」と思っていた子ども時代

私って、成功体験のない情けない子どもでした。幼稚園の頃から人見知りが激しくて、みんなと一緒にお弁当が食べられないほどで、無理して食べると吐いて倒れてしまう。それも毎回ゲロゲロだから、幼稚園の先生もたいへんです。

記憶が定かでないのですが、そんなときは、たいてい母親が迎えにきて、母親はそのまま仕事なので、じいちゃん、ばあちゃんのところに連れていかれてました。どう、迷惑な子どもでしょ？　でも、自分ではどうすることもできません。

友だちもいません。友だちになろうといって、家に幼稚園の仲間が誘いにきてくれたこともあったけれど、私は居留守をつかって、家の中で、物音がしないように息をひそめていたんです。

子どもでも、自分が他の子どもと同じようにできないことはわかります。そして、そんな感じのまま小学生になっていったわけですが、じくじくと心が膿《う》んでしまっていて、「私なんか、いらない子だ」と、ずっと思い込んでいました。

「なんでこんな子が生まれたんやろう。なんで上の子は活発やのに、この子はできないんだろう？」「ああ、世話がやける。ああ、かわいくない」——実際にはそんなことをいわれていなかったのだと、今は思えるけれど、当時の私は、みんなにそう思われていると信じていたんです。

それに4つ離れた姉がすごい優等生で、毎年、一学期に学級委員をして、勉強も運動もオール5だった。田舎の小学校のスターだったので、親も祖父母も、そりゃそっちのほうがかわいいに決まっている。

姉は中学になるとバレー部のエースアタッカーとなりましたが、姉にあこがれて入部した私は一生懸命に練習してもどんくさいままで、卒業までずっと補欠。それから父親とちゃんと話ができるのも姉のほうでした（私は父が苦手で、まともに話せませんでした）。

こんな感じなもんだから、もう、ず～っとコンプレックスを抱えていて、いつも周りの人よりも自分が劣っていると思い込んだまま、気がついたら大学生になっていたんです。ああ、そういえば、受験も失敗してました。ほら、ぜんぜんかっこいいことないでしょ？（苦笑）。

でも、**人生ってなにひとつ無駄なことってない**んだって、後になってわかりました。なぜって、私の場合はまったくの逆転の発想で、この「私なんかどうせ」というクセで培った能力が、大学卒業後に就職した外資系教育会社での営業の仕事に活かされることになるんです。

そして、結果を出して自信をつけて、自分をもっと好きになっていき、ついには「自己概念の低い私」と後発的に生まれた「自己概念の高い私」との最新型ハイブリッドになっていったのです!!

おそらく、私のようなタイプの営業マンが他にいなかったんですよね。私の契約は、がんがん攻め込める営業マンが行動量でとってくる新規の契約ではなくて、紹介とかリピートとか、そういう、人と人のつながりから生まれたものが多かったから、実はそんなに、電話営業も飛び込みとかしなくてよかったんです。

おそらくそのおかげで、ごぼう抜きの営業成績いちばんになれたんです。では、どうやって営業したのか？　それには段階があるんです。

愛されるにはどうしたらいいか、考えよう

今までずっと「いい人」でいた人や、人に遠慮して生きてきた人たちに、「ありのままでいいじゃん」といっても「そうなりたいんですけどね」と苦笑いされるばかりだと思うんです。

そもそもが、「ありのままに自信がない」から飾ったり、控えめにしたりして生きてきたんです。

だから、そんなことといわれてもふつうはできない。今まで抱えてきた「嫌われたくない」行動を、いきなり傍若無人といわれるくらいの自由な行動に変える勇気なんてないのは当然なんです。私なんて、だからこそ、『人に好かれる話し方』（大和書房刊）という本を書いているんですよ（笑い）。

でも、安心してください。こういう**性格を利用してうまく関係をつくっていくこと**

ができるんです。

せっかく今まで、人の顔色を見て、遠慮して、引いて、引いて、引いて（×10）、生きてきたんだから、それをやってこなかった根っからの傍若無人な人たちを見返して、そして最後に笑うことができる方法です。

前述したように、私は、褒めてもらう要素ゼロの子どもだったわけだけど、どうしても、愛されたい気持ちだけは捨てませんでした。そして私なりに考えました。愛されるにはどうしたらいいのかと――。

母親とか、おばあちゃんから愛されたい。でも、お姉ちゃんみたいに優等生じゃないし、なにも喜ばす要素を持ってない私は、やっぱり、ここでも相手の顔をうかがいながら、「おばあちゃんの水炊き、おいしい。おいしい、おいしい、おいしい、おいしい。ああ、おいしい、おいしい、おいしい」と、何度もいうようになったんです。

それは、ある意味、おおいなる気配りといっていいものでした。

「思いやり」と「私は私」を重ねていくことの大切さ

今、改めて書くと、なんか媚びを売っている感じも否めないのですが、でもね、評価してもらえなくて、「すごいね」って褒めてもらえることがあんまりなかった私にとって、おばあちゃんから返ってきた「ひろみが『おいしい』っていってくれるから、ものすごいうれしいわあ」という言葉は、お正月にもらうお年玉よりも、価値のあるものだったんです。

お金なんかより、愛情をもらっているほうが自信が持てるのはあたり前なのです。

私がここでいいたいのは、**「ありのまま」の自分に自信のない人は、相手が喜ぶことをやって、相手が気分がいいとか、自分に好感を持ってもらうというベースをつくるようにすればいい**ということです。

人の顔色を見て遠慮しているという行動は、人の顔色を見て相手が喜ぶことは何かと察する能力に変えることができるのです！！

要は、顔色を見て察したことで〝相手が喜びそうなことだけ限定〟で、すべて行動に移すのです。

すると、それが「気配り」へと変化します。そして、気配りができるようになると、愛されキャラとなります。相手に好かれている状態になるのです。

さらに、**好感を持たれているという実感は、自尊心を高めてくれます。**

そして、「この人は私を受け入れてくれる」とちゃんと思えるようになり、次第に「私はこう思っています」といえるようになってきます。

人は、嫌いな人の「私の意見」は受け入れにくいものですが、好きな人の「私の意見」には素直になれるもの！　だから、安心して相手にどんどん意見をいえるようになるんです。

さらにいうと、好きな人の「わがまま」は、気を許した者同士の自己開示となり、距離をさらに縮める道具になるわけですから「わがまま」にもなれます。

と、いうことは、**気を使ってもいいんです。遠慮して引いたままの自分がいやなら、前向きに使ったほうがいいんです。**

「いい人」をやめないで、自由な人になってもいい

「でも和田さん、そうはいっても、気配りまではできるけれど、そこからいきなり、『私はこうです！』とかいう自己主張ってけっこう難易度高いですよね」

「なるほど」

「いきなり急変したみたいに、『なんだ、こいつ。いきなりわがままになって』とか思われそうです」

「うん、うん」

「なんかキャラがいきなり変わるみたいで」

「うん、うん」

「それに、そんなに自己主張したいと思わないというか……」

「うん、すごくわかる。私も同じだったから。それに私、いまだにそうだから。だからね、ずっとそのままの〝いい人〟のままでいいってことで」

「へっ？」

「そうだ、あなたのいう通りだ。よく考えたら、〝いい人〟をやめようってなんか、

おかしい」

「へっ、今さら……」

「〝いい人〟の反対語は〝悪い人〟でしょ。私、〝悪い人〟より、やっぱり〝いい人〟がいいに決まっている」

「なんか和田さん、本末転倒していますす」

「私たち、〝いい人〟の定義、間違っているんだよ」

「定義ですか?」

「うん、〝いい人〟って、人のいいなりになる人じゃないでしょ。人の顔色見てビクビクしているのが〝いい人〟ってわけじゃないでしょ? 好かれる人って、頼られる人って、そんな人じゃないでしょ? だから、**相手にとって都合のいい人間になるんじゃなくて　相手の役に立つ人間が〝いい人〟なんだとすればいい**」

「はい……」

「なんか、受け身な〝いい人〟と積極的な〝いい人〟って違うんだよね。あっ、ところで君、ちょっと麦茶買ってきて。あと、犬の散歩もお願いね」

「急に、今ですか!? あっはい、わかりました(苦笑)」

「って、違う〜〜。『ちょうど、飲みたかったんです。ありがとうございます！』と前向きに受け取ると自分の都合で動いていることにもなるし、『外、天気ですから、ちょっと一緒に歩きませんか？』というほうが、相手にとっていいことかもしれない。なんか、そんな感じで、〝いい人〟やってみればいいのだ」

「なるほど……」

「だから、**断れないときは、やらされてるじゃなくて、好きでやっているに変えていく**こと」

「犬の散歩好きです！　ばんざい！　とか？」

「そうそう、その感じ。『うげ〜』が『ラッキー』に変わるでしょ？」

「はい、では麦茶買ってきます！　ついでに、自分のコーヒーもおごってもらいますね〜」

「そうそう、その感じ！　その、ちょっと厚かましいのがいい！」

第二章

このしんどい世界の中にも、私の居場所は必ずある

ほんとうに、「人のために生きる」ということ

言葉で相手の役に立つ

人の役に立つために、受け身から積極的に動くことが大事なのですが、当然、それって、いつも肩もんだり、買い出しにいくとか、何でも買ってあげるとかではありません。**人の役に立つとは、言葉や行動で、相手の気持を上げてあげること。**私、まずはここからだと思っているんです。

「部長の話は元気が出ますね！」

その人の前で楽しそうにすること。会話を楽しんで、がははって笑う。それから、

「○○さんと話していると、楽しすぎます」「私、○○さんの大ファンなんです！」（これ、○○さんが好きですだと、ちょっと重いし、誤解も生まれるのでこの台詞がいいのです）。

実際に、そう口にしてみるだけでいいのです。

我慢して相手を褒めなくってもいい!?

普段から威張っている人や相手をなかなか褒めることができない人は、相手の可能性をとことん殺してしまっています。それではなかなかいい関係を築けません。

相手を褒めても自分はなくならないし、自分が相手より下がることもないので、人を喜ばすことを（しかも、ただで！）やってみてください。

あなたにとって大事な人のために、その人が自信を持てるようにしてあげるんです。媚びるんじゃなくて、おべんちゃらじゃなくて、見返りの期待でもなくて、「ああ、この人を幸せにしたいなあ」と素直に思ってやるのがいいのです。

相手の役に立てば、あなたも相手の大事な人になっていきます。

私はおばあちゃんの料理を「おいしい、おいしい」といい続けることで、見事に好かれたわけで、その幼年期の「あかんたれベース」に、営業のがつがつした部分を組み合わせたら、営業世界ナンバーツーになれたってことです。

私ばかりじゃありません。**誰でも「いい人、いい人、どうでもいい人」から「いい人、いい人、大事な人」に変われる力を持っている**はずなのです。

頼られるって、なんかうれしい！

あなたは好きな人に何か頼まれると、うれしくなりませんか？

私は、営業時代に「お前に任せるよ」とか、「和田さんにお願いします」とか上司にいわれると俄然やる気が出てきました。

たとえば、好きな人から、「ごめん、ボタンつけといてくれる？」とか、「ねえ、この荷物持ってくれない？」とか、そんなこといわれると、「おお〜、なんかうれしい！」となりませんか？

逆に、「相手に悪い」とか考えて「頼めない病」になっている人は、そばにいる人に「役割」を与えていないので、ときどき、相手を寂しくさせてしまいます。

だから私は、**自分を出すために、いちばん最初に「お願いします」というようにしています**。言葉を換えると、「甘える」ってことです。

お願いするときは、あくまでも相手の自尊心が上がるように、「私より○○がやったほうがうまいから、お願い～」「○○に頼むと完璧で安心なんだ。お願いできる？」などと頼みます。

あなたも、周りの人から頼りにされたらうれしいですよね？　「ありがとう!!」っていわれたら、自分がすばらしく思えますよね。そう！　ここに幸せの循環がある。

それが人間の本質です。だから、そうやって**信頼関係を築いていけば、思いがけないほど多くの人たちと力を合わせてがんばっていけるようになる**のです。

勘違いして欲しくないのですが、**「私は私でいこう！」ということは、なにも、わがままで、一緒にいる相手を不愉快にしてしまうということではないし**、威張って

「オレ様系になれ」といっているわけでもないです。そんな人のいう「私は私」は、ただの自分勝手です。周囲の人をたくさん、不愉快にしてしまう迷惑な人そのものです。

私がいいたい**「私は私」というのは、人の気持ちがわかって、相手のために動けて、愛されている自由な人のこと**です。それからさらにいうと、そういう嫌な感じの人とか、一緒にいてちっとも楽しくない人とのつきあいを一切やめる勇気を持っている人でもあります。

「私は私」でやっていこう

場合によっては、その人が「お金持ちだから」「有名だから」「世間で評価が高いから」という理由で、我慢してつきあう人もいるし、「人脈が欲しい～」という明確な目的で、もう誰でもいいやって感じで割り切ってしまうことも、ときに必要かもしれませんが、私はそれができないんです。

商売がへたくそっていわれるゆえんがそれなんですが、生理的に（本能で）違和感を感じたらもうダメですね。お金くれるっていわれてもダメ。

だから私、この点においては、過去からずっと「私は私」でやってきたんですよね。よく考えたら、人見知り度合いがでっかい状態って、これなんですよね。

「デビューさせてあげるから　私の女（男）になりなさい」といわれたら無理だけど、「もう、私はもう生きていけないと思うので、最後にキスをさせてください」と負傷した兵士に息も絶え絶えにいわれたら断れないという人は、そもそもが人間関係において打算的になれないのです。そういう選択をする自分が嫌だから……。

でも、それでいいんです。

人生の時間は限られているのですから、気分が悪くなるような人と過ごす時間はできるだけ減らし、気分が良くなる人と使ったほうがいい。**打算的で、自分の本質を見てくれない人といるよりも、自分の本質を認めてくれる人と一緒にいたほうがいい。**

そう思い、それを貫くことが「私は私」ってことなんです。

人に遠慮する人のための「ブルーオーシャン」戦略

過酷な世界でゾンビになった私

いいか悪いかはさておき、外資系のフルコミッションの営業の現場なんて、もう、競争、競争の世界で過酷そのものでした。誰かに譲って、オドオドしていては結果を出せるはずもないのです。

そう、100%の確信を持っていないと生き残っていけない世界。私には向いてない現場でした。

あの頃、よく上司にいわれました。

「いいか、目の前でリンゴを食べている人がいて、そのリンゴがほしかったら、それを奪ってでも食べなさい」

これ聞いたとき「へっ、泥棒しろってこと?」と、いっていることにまったく納得できませんでした。これ、リンゴが人だったら「略奪愛」ってことですよね(飛躍し過ぎ⁉)。

世界の歴史を振り返っても、原住民が平和に暮らしていたところへ、いきなり入ってきて、彼らを殺して奴隷にして、「これはオレの土地」といってきた民族が、世界の中心にいたりするんです。

いいか悪いかではなく、**この世界は弱肉強食。それで(今は)成り立っているわけです。さしずめ、遠慮してリンゴを奪えない人は草食動物であり、ぼうっとしていると自分のリンゴさえ奪われてしまう**わけです。

じゃ、どうする?

私は、これを上司から聞いたときに、性格的にどうしても無理だから「ああ、もう営業は無理だ」と思いました。

「私には、人のリンゴは奪えないです」

なんか、顔を赤くして下を向いて立っている私に、ボスは「そんな、甘いことい っていたら、戦場だったら、いちばんに殺されているぞ」といいました。

事実、私は、案の定、やっぱり最初は契約も取れないし、取れそうになっても横から奪われるようなことばかり続いて、何度も殺されてゾンビになっている状態でした。

競争しなくても成功できる場所がある!

そんなゾンビの私でしたが、結果的には、人のリンゴを奪うことなく結果を出せるようになります。**競争したくなくて逃げるんじゃなくて、競争しない場所で花を咲かせたらいい**ということに気づいたからです。

私は、みんなが欲しいという「リンゴ」は欲しくないと思うようにしていったのです。競争になるおいしそうな「リンゴ」は望まないで、誰も欲しがらないような、まだ、青くてすっぱくて、人があまりほしがらないリンゴをおいしくなるまで育てるしかないって思ったのです。

それこそブルーオーシャン（青い海、競合相手のいない領域）だったんです‼（笑）

他の営業マンが「すぐに欲しい人」の最優良見込み客を狙っているようなレース（レッドオーシャン＝赤い海。血で血を洗う競争の激しい既存の市場）からはさっさと降りて、私は、「そのうち、そのうち」といっているような、そんなに見込み客でもないお客さんにアプローチして、「やる気」が自然に出てくるような、そんな方法を生み出していったんです。

まるで畑を耕すようなことからやったわけだけど、そのおかげで、私にはたくさんの人からの「ありがとう」が増えて、次第に結果も出るようになったんです。

そうして私は、この性格だからこそ、私だけの成功法則を見つけたんです。

なんでそんなに犠牲者になりたいの？　後で悔やむのに

「私の命とひきかえに、この子を助けてください」という自己犠牲のうえにある愛は、とても美しいものです。けれどほんとうは、**誰かを助けるために自分の命を捨てて炎に飛び込むことよりも、自分をまずは大事にして、自分のために生きることのほうが正しい生き方じゃないか**と思っています。

もちろん、冒頭の人のように底知れぬ人間愛があって、自分よりもずっと相手が大事で、それが自分を満足させることなら、それってすばらしいことなんです。誰かのために生きることは、やっぱり何より美しいことなのですから。

でも、炎に飛び込むのはおおげさとしても、困っている人がいたら、自分のことを後回しにしても助けてあげたいって、ほんとうに、ほんとうに、ほんとうに、ほんとうに思えるかってことなんです。

その「美しい行為」がよくある売名行為的なものだったり、「みんながやっているしなあ」とかだったとしても、何もしないよりはいい。相手が喜んでくれて、自分も満足できるのなら、それでいいのです。

けれど、**「しんどいしんどい」と思ってやっていたらダメなんです。それは、自分の犠牲の上に成り立っていることであり、犠牲という土壌からは結果的には「恨み」**

とか「悲しみ」しか育たないからです（だって、自分が苦しんでいるのだから当たり前です）。

「私がやりたいから、まずは自分のために生きるわ」というのも、「私があなたの笑顔を見たいからあなたを助けます」というのも、自由意志による能動的な「私の自由な生き方」です。

自分がほんとうにそうしたいから、他人を助ける……。それはそれで、すてきです。マザー・テレサになれます（笑）。

けれど、私はそんなすばらしい人にまだなれないのと思うので、まずは自分のために生きるんです。

「笑うモグラ」に福が来る！　奪いあう方法から自分の場所で育てる方法

営業スタイルを狩猟型から農耕型に変えることで成功した私ですが、結果を出して目立つようになると、私に対する風当たりが強くなってきました。

それは、ある日を境に突然はじまりました。

「ああ、また紹介頼んだの？　いいわね、おじさんのお客さんがいて」とか、「ボスとできていて、いいアポとか特別に回してもらっているらしいじゃないですか」なんて、まるで、枕営業しているようないい方をされたり、無視されるとか、飲み会に誘われないとか……。

土の中でひっそりと暮らしていたモグラが頭を出した瞬間に、壮絶な「モグラたたきゲーム」がはじまったのです。

出るな、出るな、出るな、と頭を出す「和田モグラ」をハンマーで叩く人たち……。それは、控えめに生きてきた人が出てきたときに受ける洗礼でした。

私も最初は怖くて、痛かった。でも、ぜったいに逃げたくなかった。悪いことしてないから！　そんなのおかしいから！

あなたがせっかくがんばって出てきたのに「モグラたたきゲーム」をされたらどうする？

叩かれて死ぬ？　もしくは、叩かれない土の中に戻って、じっとしている？

人それぞれだから、「私は、土の中に戻ります」っていうのならそうすればいいです。そこも、なかなか居心地がいいかもしれません。

でも、**何も悪いことしてないのに、いや、人に迷惑をかけることなく会社に貢献してがんばっているのに、悪口をいわれるとか、嫌われるなんて、なんかものすごく理不尽だ**と思いませんか？


みなさんが活用できるかどうかはわからないけれど、私がこのときにやった抵抗方法があります。それは「勝利のモグラになってやろう」と決めることです。

所詮、周囲の人がやっていることは「ゲーム」にすぎないんです。

それなら、モグラ叩きから逃げ切って、勝って、最後に笑うほうがいいでしょ！

「ああ、こわいよう。叩かれないように逃げよう」というモグラ。

「へへん。叩けるもんなら　叩いてみろ！」というモグラ。

どうせ、ゲームなんだから、モグラなりに、楽しんだほうがいい。相手を翻弄して、あちこちから飛び出したりしてやればいい。

そうしているうちに、何をいわれても、いちいち傷ついたりしなくなりました。

そんなこと気にしないで、お客様のほうに意識を向けて、さらにどんどん結果を出せるようになりました。

相手は、出るものなら何でも叩きたいんです。そんな嫉妬に狂ったアホを相手に真剣に悩む必要なんてないんです。それこそ、時間の無駄です。

だから私は、ゲームに勝って最後に笑うモグラになれたんです。

優位な流れに変えるには、「正々堂々という」が王道だ！

笑うモグラになった私は、もう土の中にいるような人でいることをやめました。いや、やめたっていう意識があったわけじゃないけれど、とにかく、決意したんです。

陰でごちゃごちゃいっていた人に今度会ったら、ちゃんといおうと——。

まあ、ほんとうは無視して放置しておいてもいいんですが、私、ここでいわないと、変われないって、なんだか確信していたんです。

心がけたのは**深刻になりすぎないこと。深刻になると、それで傷ついたってことが相手にばれてしまいます**（私にも、ちっちゃいプライドがあるんだ！）。

だから、「私は、ぜんぜんそんなのどうってことないんですけど」って、そんな態度で対決することにしました。

ターゲットがいました。

私は、勇気を出して、そいつの太った背中に大きな声で、できるだけ明るい声で、「○○さん！」と声をかけた。


「あの、前に、私がボスとできてて優遇されているっていっていましたよね」

「はっ」

「あれ、撤回してくださいませんか？」

「な、なんだよ、いまさら」

「私ね、何をいわれてもいいけれど、それって、ボスに失礼だと思うんです。こんな女を相手にしているっていううわさって、ボスに悪いじゃないです

か」

「へっ？」

「そんなこと、ボスが聞いたら、ボスも怒ると思うんですよね」

「なんだよ、和田」

「だから、私は、別に何もいいませんから、安心してください」

「ああ……」

「とにかく、私は　誰にも頼らずやっています。体をはってやっているけど、体を使ってやったことは、神様とご先祖様に誓ってありませんのでよろしくお願いします！」


いいたいことといって走って逃げたら、涙、出てきた。

あ〜〜怖かった、でもいえた！　私、いえた!!

怖かったから泣いているのか、いえてうれしいから泣いているのかわかんないけど、やった〜って思えて、私は自分が誇らしく思えたんです。

それをいった後、私は、なんか新しいドアが開いたように、どんどん流れがよくなっていきました。

そして、「ああ、ステージアップした瞬間だったんだ」と実感できたのです、実際、必死に「和田モグラ」をつぶそうとした人たちは、自分の嫉妬につぶされて、じわじわとゲームから降りて姿を消していきました。

逃げないモグラは強いのだ！ あなたも、そんなふうに、最後に笑うモグラになってください！

出る杭は打たれ強くなるってこと

とはいっても、出る前から、叩かれないように自分の能力を無意識にセーブしている人もいますよね。

「出る杭は打たれる」ということが、「目障り」な存在になってしまうというイメージと重なっているせいかもしれません。

でも、違うんです。目立つと叩かれるというのは、嫉妬されるからです。そして、嫉妬されるということは羨ましがられているということです。

だから、**「出る杭になる」って、目障りって思われることって、むしろ、光栄なこと**なんです。

目立ってなにが悪い？　努力して、がんばっていれば、がんばってない人よりも目立つに決まっています。それでいいじゃないかと、開き直ってしまえばいいのです。

出る杭は打たれ強くなるだけです。出すぎた杭は、高すぎて誰も打てなくなるだけです。そして、みんなのあこがれになっていくのです。

私もバンバンと叩かれました。

最初は痛かったけれど、叩かれないくらい高い場所まで出るしかない、と腹をくってがんばったら、世界ナンバーツーになっていて、もう誰も叩かなくなりました。

ちょっと辛抱するだけです。だから、「もっと出よう！」ということなんです。

第三章

「私は私」でいるために

ほんとうの自分を出すためのテクニック

「わがままブレイクスルー」という技

ここまで読んできても、「でも、でも、目立つことで嫌われている人が多い。だから、僕らは空気を読んで、大人しくしているわけですよ」という人もいるでしょう。

そう、もちろん空気を読むという能力は大事なんですから、読んでもいいんです。

けれど、大事なことは何のために空気を読むのかってことです。

「自分を出さない」ためではなく、「自分自身をどこで出すか？」と探るために読むならいいんです。

たとえば、私が、「わがままブレイクスルー」といっている行為があります。初対面の人が多い食事会で、みんなが遠慮して誰も注文しないようなシーンでは、あえて出しゃばって、「私、これ食べたい」っていうような空気の読み方です。

わがままをいうことで場を和ませるってことです。

また、なんか盛り上がってないなあという空気を感じたら、「○○さんってすごいね」とかいって相手をどんどん褒めていくという方法で、前に出たりもします。そうなれば、相手の自尊心が上がってよい気分が充満するので、その場の空気もよくなっていきます。

そういうときに、場を盛り上げようとして自分だけ騒いで、自分の話ばかりする人が「うざい人」になっていくのです。

どうしたら、もっとこの場が楽しくなるとか、みんながハッピーになるかなって、能動的にプラスに空気を読む。

イマジネーションを発揮してみる……。

そうやって空気を読むことが「コミュニケーションを取るってこと」なのです。

相手を和ませたり一緒にいる人を楽しませたり、たとえば、そういうことができる人って、どんだけ前に出て、どんだけ目立っても、すばらしいコミュニケーションを先に取っているから、嫌われるどころか愛されています。

こんなふうに「出る」のならば、ぜったいに人から好かれるので、すべてOKになるということです。

「私」を意識的につけてみる

私、基本がネガティブというか、遠慮しいなので、ときどき、はっとするくらいに、言動がマイナスになっていることがあるんです。

「おいおい、お前、前向きに生きる陽転思考の本家だろう。そんなお前が何をいってんじゃ」といわれそうだけど、「だから、陽転思考が必要なんだ〜〜〜」って声を大きくしていいたい！

でも、そのおかげで、気の弱い人とか、いい人になってしまう人の気持ちがよーくわかるんだもん、これはこれでプラスなんです。

それはさておき、マイナスの言動って、どんな言動かというと、たとえば、友だちにお土産を渡すときに「こんなん、いらんと思うけれど……」とか、自分の本を渡すときには「退屈したら申し訳ないんだけど……」とか、なんかお前って、超マイナス思考じゃん！ っていうようなことをいっているわけです。

これは、「万が一、気に入らなかったら」という不安からの、ついつい防御になっているからなんですが、その裏には、相手はまさか真っ正面から「私、これは好みじゃない」とかいわないと思うので、その気持ちを察して、代わりにいってあげているという、入り込んだ消極的な「思いやり」が潜んでいます。

自信のない人が謙虚になったときって、ほんとうに複雑で面倒くさいことになっているんです。

そんな自分に気づいたのは、やはり、自分に似た人が同じようなことを自分にしたときのことでした。

「この企画は人気ないかもしれませんが……」といわれて、ある企画を提案されたとき、一気に私の意欲がずりずりと削ぎ落ちました。

そして、相手の心のうちを思いました。

「ああ、この人、私に遠慮しているんだなあ」と——。


そもそも、自分に自信がなくなるのは、相手が自分よりも何かの点で「上」だと思ってしまうときです。

たとえば、グルメ本を書いているような人と食事にいくと、とたんに自分のチョイスは相手より「下」と思ってしまう。

それと同時に**自信が下がって、マイナス表現を口走ってしまう**わけです。

そうすることで、自分の行動をさらに下げてしまうのですが、それは自分自身をみくびっていることにもなってしまいます。


ですから、マイナス表現はできるだけ避けるべきです。それを改善する方法は、ある一言をつけることです。

「私はこれ大好きなんですが」

「私はこれすごくいいと思っているんですが」

そんなにふうに、**「私」を意識的につける**のです。

「私はこの企画、ぜったいにいいと思っているんですが、世間的にはまだ人気は出ていないです。でも、これからくる可能性はあると、私は思っているんです」

さらに、スゴく**自信満々に「これ、いいですよ!」とストレートにいえる段階になっていくと、人生がグンと好転します。自分を肯定しているからです。**

うざいくらい厚かましいのに、好かれる人がいるワケ

それにしても、謙虚と自信のなさって紙一重ですよねえ。

多くのお母さんは、なんだかすごく、おせっかいです。厚かましいくらいに、子どものことを思っている。

「あんた、食べてる？　ちゃんと食べなあかんで。野菜食べなさい、野菜。それも、緑の濃い色の野菜を食べなあかんで」

「肉ばかりじゃなくて、魚食べなさい。近所のスーパーに、真空パックになって売っている魚があったから、まとめて買って送るね」

「車ばっかり乗ってたら、歳とったとき、足腰弱なる。1日20分は歩いたほうがいいんよ。みのもんたさんがいうとったで」

「たばこ喫《の》んどったら、肺がんになりよる。じゃから、ビタミンCをとりんさい。お母さんのビタミンがあるけん、送るけんね」


そして、多くの子どもたちは（というか、もう、おじさん、おばさんになっているかも……）は、「ああ、ああ、わかったよ」とうるさそうに反応しているわけです。

でも、どんなに相手にうざそうにされても、何度いっても、相手に受け入れてもらえなくても、お母さんは、しつこくいい続けます。ときに強引で、押しつけがましく「身体にだけは気をつけて」と――。

これは明らかに「愛」です。だから**「おせっかい」は「思いやり」**なんです。

そんな思いやりのあるおせっかいは大切だと思いませんか？　お母さんでなくても、そんな、厚かましい愛をくれる人はたくさんいます。

「結婚そろそろしたほうがいいよ」とか、「ちょっと痩せたほうがいいよ」とか、「酒はもうその程度にして」とか、「勉強しなさい、勉強」とか……。

余計なお世話じゃ！　といいたくなることや、耳が痛くなるほどうざいものもあるかもだけど、そういうのを気にしないで、ほんとうに**心から、母の愛に似た感じのエネルギーで「だって、相手に幸せになって欲しいんだもん」と無邪気にいえる人っていうのは、うざいわりに、意外と好かれている**ものです。

向上心は持たなくてもいい!?

作家の阿川佐和子さんが、あるテレビ番組で、「私ね、あるときから向上心を持つのをやめたんです」とおっしゃっていました。

世間では（とくにこのようなビジネス書の世界では）、「向上心を持ちなさい」といわれるわけだから、なんでって思いますよね？

でも、私、この後に続く彼女の話に、むちゃくちゃ共感したんです。

「もし、私があそこに行くはずだと思っていたら、今日がつまらなくなるでしょ。でも私は、目の前のことを達成して毎日、楽しみたいんです」

これ、聞いたとき思いました。

「あっ、佐和子さんと私、同じ人種だ！」って……。


もちろん、向上心を持って、目標を持つことはぜったいに大事です。そこに向かっていこうとがんばるって大事です。

だけど、**達成できてない自分をいつも悔やんでいたり、「まだまだだ」と焦ったり、その先ばかり見て生きていると、いつも満たされていなくて、今日のすばらしいできごとに感動できなくなってしまいます。**


人それぞれだと思うけれど、少なくとも、何者になろうとかいうことが見えてない私にとっては、何者にもなろうとしないで、「今を楽しもう」「今を生きよう」「今の自分を好きでいよう」「そのために、今日も精一杯やろう」というほうが、私が私を幸せにできるのです。

夢がなくてもいいし、特別な個性がなくてもいいと開き直って楽しめる。それが、何者でもない私が自信を持って、「私は私だ」といえることなのです。

逃げてないよ、自分の意志で帰ったんだよ

「僕は懇親会のような会合が苦手です」

「ああ、私も苦手なんですよね」

「どうしたらいいですか？」

「どうしたらいいんでしょうかねえ」

「………」

「でも、そもそも、なんで苦手なんでしょうかねえ」

「たぶん自分がつまらない人間なんだって思ってしまって」

「うん、うん」

「それで、話の輪に入れないからです」

「ああ、私も同じ。相手にされてない気がして」

「和田さんもですか⁉」

「そうなんですよねえ」

「あの、でもどうしたらいいんでしょうか？」

「うーん」


このように、自分が苦手なことを聞かれても、的を射た答えが出せないので、いつも困っていました。そこで、自分でもなんとか克服したいと思って、苦手なアウェーの世界（知らない人ばっかりのパーティ、懇親会など）に一歩踏み出したのです。

そうして、いろいろと答えが私なりに見つかったので、数ヶ月後、質問してくれた人にどうにか答えることができました。

「あのね、わかりました。**知らない人だらけの場所で輪に入っていくコツは、『私ってすごいんだ』と思い込むこと。そして、引け目を感じず、けっして媚びず堂々とす**

ることです」

「はい」

「うん、とにかく、引け引けで、怖じ気づいていると、余計に自信なげに見えるので、さらに自信なげで、余計にちっぽけに見えるから、はったりでも堂々としていると、ひとりでいても辛くないんですよね」

「なるほど」

「とにかく、周囲を気にしないで、『自分はすごい』っていいきかせて、大股で歩いて、背筋のばして、目が合ったら会釈！」

「はい、やってみます」

「でもね、ほんとうはもっと大事なことがわかった」

「えっ、なんですか？」

「あのね、その場ですぐに知り合いができて楽しくなることもあれば、どうしても楽しむことができなくて、ずっと『帰りたいなあ』と思っているような場所もやっぱりあって、自分が主役にならないと不愉快になる面倒な人とかと話しているのはしんどいし、もう、時間の無駄だって思ったの」

「はあ」

「結果、自分から歩み寄ってみて、楽しいなあと思える人とは一緒にいて、楽しくない人とは距離を置くほうがいいってこと」

「それって、結局は、今まで以上に、苦手な懇親会に出ても帰ってきていいってことですか？」

「いや、違う。**『ああ、自分は受け入れてもらってない』と思って逃げ帰るのと、『いや、こんな場所、面白くないから帰ろう』というのは違う**の」

「ああ」

「でね、新しいとこに出かけて、新しい気の合う人を見つけるの。でも、違和感あってなじめない人なら無理しないってことです」


ここで、知らない人だらけのパーティ出席体験レポのまとめ!!

①おどおどしない、堂々とする
②笑顔、姿勢、歩き方などで「自信があります」感を出す
③しかし、合わない相手なら、無理につきあう必要なし（←これ大事！）

私は私の人生を生きるのだ！

人間って、基本的に嫌なことには積極的になれないでしょ？　だから、「私はこれをやっています」ではなく、「私はこれをやらされている」となるんです。

たとえば、「この仕事嫌だ。なんで、こんなの私がやってなきゃいけないの？」と惨めになっているときは、やっぱり「好きじゃないことをやらされている」ってことです。完全に受け身なので、ものすごく不幸感が漂っています。

つまりは、「こんなもの食べさせられている」という感じで、ムカムカしながらご飯を食べている状態です。食べている「こんなもの」は、自分の食べたいものでないからちっとも楽しくないのです。

では、楽しくする方法は？

「私はお腹が減っているので、これを食べているんだ」という自分で選んだ感を持って、前向きな気持ちで食べることです。

何を食べているかではなく、もっと根源的な「食べるか食べないか」を、自分で選んでいるということです。

文句をいってもいわなくても、その仕事をやることになっているのなら、「私はこの仕事が嫌かもしれないけど、生活のために、自分のためにやってる」と意識する。

今、どんな仕事をしているかじゃなくて、今、やるのか、やらないのかを自分で決めているってこと。そう思ってやるだけで、ちょっと気持ちが軽くなるんです。

辛い辛いと思う気持ちが、「まあ、仕方ないわい」って程度になるんです。

それでも、無理？　だったら、辞めてほかのところに行けばいい。やるか、やらないかは自分で決めていいんです。

「えっ？　そんな、行くとこありません。もうこんな年齢だし、子どももいるし……」って？

だから、しつこくいいますが、やっぱり、その理由のために、自分で選んでそこにいるんです。やらされているんじゃなくて、自分で選んでいるって思うのです。

自分で決めている、と能動的に考えると、なんかスイッチが入って、「どうしたら

もっとうまくできるだろうか？」とか**「誰かに頼めないか？」**とか、**前向きなアイデアが出てきて動けるようになる**んです。

そして、動けるようになってはじめて、新しい場所に移動できるようになったりします。自分が決めて、自分で生きるっていう意識が、自分を動かすんです。

だから、**やらされている人生を生きちゃダメ**なんです。自分が、薄くなっていくばかりです。どうでもよくなってくるんです。

放棄したら、無気力になって、ロボットみたいになってしまいます。だから、何度も何度もいうんです。

「私の意志で、私の選択で、私の生き方を、今、学んでいるのだ」って……。

「窓の外」に原因を求めないってこと

たとえば雨の日。窓から外を見ながら、「ああ、雨のせいで外に出られない」と思っているときって、自分ではどうにもできないでしょ？

それよりも、「ああ、雨のおかげで、本が読めてよかった」と考えたほうがいい！

まあ、こじつけみたいですけど、このように陽転思考で「雨でよかった」って思うほうが、ストレスが少ないってこと。

だって、雨のせいで……と思っても、それは家の外の世界のことで、自分の力では解決できないでしょ？　てるてる坊主をつくって、祈るくらいでしょ？

窓から雨を見つめて、はあ～とため息をついているよりも、家の中を見て、「せっかくだから掃除でもしよう！」って、**自分でコントロールできることに集中したほうが、私は、自己肯定感が増す**んです。


たとえば、「あの人にいじめられたせいで、不幸になった」と思っている限り、あの人に改心してもらわないと幸せになれないじゃん。そんな、外側にある原因は、自分ではどうしようもないですもん。

確かにそれは事実かもしれない。あの人のせいかもしれない。あの人さえいなかったらもっとハッピーだったかもしれない。

わかる！　それはそうなんだ。だけど、それをいい募《つの》ったところで、何も解決しないし、一歩も前進できないでしょ。やっぱり、解決方法がある考え方をしていくしかないからいっているんです。


外側じゃなく内側！

相手じゃなく自分！


心の中から、あの人はもう削除してください。意識しなくなると、だんだん薄くなって消えちゃいますから……。

そして、自分がうれしいこと、楽しいことを自分にやってあげてください。

「私」が傷つけられたと思って泣くか、「私」が強くなれたと思って笑うか……。

私は、笑いたい！　そしてあなたにも笑って欲しい！

自分のほんとうの心を知ろう

ほんとうはそれが「欲しくない」

人はときとして、ほんとうは欲しくもないものを欲しくなり、持っている人を嫉妬することがあるようです。

すごいお金持ちの知り合いに、「なんじゃこりゃ」という豪華な家に招待されたときのこと。完全に人が住めるくらい広い玄関と、その先にある吹き抜けになっている高い天井と、白い螺旋階段と、なんか高そうな壺とか絵画に、あまりにも圧倒されて、自分の住んでいるところが、なんか、みっともなく思えたことがありました。

そして、「そういえば、私は車も持ってないし、家も持ってないし、何も持ってない人なんだなあ」と、急に自分の持ってないものと、人の持っているものを比べて、なんか、にわかに惨めな気持ちになったのでした。

その日を境に、3日くらい、ふと気づくと、「自分の持ってないものと、人の持っているもの」が、なんだかやたらと気になって、それればかりを考えてしまうようになっていました。

ちょうどそんなとき、パン職人で、パン屋で毎日パンを焼いている郷里の友だちと飲みにいったんですよ。

「私なあ、なんか、こんなにがんばって生きてきたのに、案外、何も持ってへんことに気づいた」

「へっ？　何を持ってないって？」

「家とか、車とか、クルーザーとか」

「だって、あんたは、それが欲しくないからやんか」

「へっ？」

「持ってないんじゃなくて、持たないってこと」

「でも、子どももいない」

「あんた、昔から結婚願望も薄いし、子どももそんなに欲しがってなかったやんか」

「たしかに……」

「欲しくないんや」

「……」

「欲しくないんやで」

「なんか、そう思うのも　負け惜しみみたいでいやなんや」

「だって、あんたは、もう、欲しいもの持っているから大丈夫」

「そういうあんたは？」

「私はおいしいパンを焼ける技術が欲しかった。だから、今持っているの。あんたは？　ほんとうに欲しいもの何？」

「それなら私はいい本を書けること。人を勇気づける本が書きたい」

「だから、それ、もう持ってるやん」

「私、欲しくないものをなんで羨ましくなったんやろ？　そういえば、あのお金持ちの家にいったとき、門から玄関まで続く道が長くて、玄関も広いから、『酔って帰ってトイレもれそうなとき、たいへんだな』と思ったんや」
「ほら、欲しくないやん」
「ほんまや、欲しない」
「ぜんぜん欲しくないやん」

パン職人の友は、大きな口をあけて、あははははと笑っていいました。
「ああ、私は、ほんとうによい友だちを『持っている』んだなあ」――。
このとき、私の心にじんわりと温かいものが染み込んできました。

「ない」から「ある」にする方法

しかしながら、ほんとうに欲しいのに持ってないものもありますよね。たとえば、「恋人」「自分を活かせる仕事」「(切実に必要な)お金」……。
そして、周囲を見て、なんであの人は持っていて、私は持ってないんだろうって悲しくなったり、嫉妬で苦しんだりするんです。

あの人には、ある、ある、ある、ある。けど、私には、ない、ない、ない、ない。私は、この「ある」か「ない」かの意識というものが、自尊心の有無に大きく影響すると思っています。

「ない」という意識が肥大すると、「どうせ○○だから」という台詞が多くなります。そして、「ある」になるという可能性を黒く塗りつぶしてしまうのです。

「どうせ星なんかない」と思って夜空を見ても、星は見つからないです。

「どうせ、落とし物は見つからない」と思って探しても、やっぱりないんです。

「どうせ、恋人なんかできっこない」と思って出会いを求めても、やっぱりできないんです。

たしかに、今はそれが「ない」かもしれない。けれど、100%、明日も「ない」という証拠を出せますか？

明日じゃなくてもいい、1年後も、もしくは10年後もぜったいに「ない」といいきれますか？

そもそも、10年前に会社も家もなかった人が、今、家族もあって、社員が100人もいたりしますよ。

「ない」という意識には期限がないので、なんか、これから先もずっと「ない」ようなイメージが潜在意識にこびりついちゃうんです。そして、「ない」からは何も生み出せません。

だから、これを「今はない」に変えるといいんです。そうすれば、今は「ない」のが事実でも、明日は「あるかもしれない」になるんです。

いや、別に、そう思うだけで不思議な現象が起こるとか、そんなつかみどころのない話をしているんじゃないですよ。

「今はないけど明日はあるかもしれない」に意識を変えると、確実に、現実的に、行動も言葉も変わってくるんです。

「星はきっとある」とあると信じて夜空を見れば、やっぱり星は見つかります。

「ぜったいに見つかる」と信じて探し物を探せば、やっぱり見つかります。

「恋人は必ずできる」と心から信じて出会いを求めたら、これも意外に見つかったりします。


仕事が見つからないと嘆く人に聞きたいです。本気で本気で、「ぜったいに見つかる」って、心から信じていますかって？

お金に困っている人に聞きたいです。

ほんとうにほんとうに「なんとかなるって、その崖っぷちに立っても思えましたか？」って。


「ある」と信じて、行動し続けるんです。

明日はある、明日はある、と積み上げていくんです。

気が遠くなるくらい、積み上げないといけないときもあるけれど、とにかく続けていると、１００%、10年以内に「ない」は「ある」になるものなんです。

薄くなった「私」の輪郭をくっきりさせていく

さて、そうやって、根っこにあった**「欲しくない」ものを捨てて、欲しいのに「ない」と信じていたものを「ある」に変えていくと、だんだん、私という人間の輪郭がくっきりしてきます。**誰かと比べなくなるので、その人への執着とか嫉妬が薄くなるからです。

そうしたら、あとは『私のやりたいこと』をぎゅっと絞っていけばいいのです。やりたいこと、もしくは欲しいものを書き出して、そこから、「これはいらないな」と思うものから二重線で消していきます。

その後、「欲しいけれど先でいいな」と思うものを一本線で消していきます。そして、3つくらい残ったら、その順位を付けてください。それがあなたの「優先順位」です。

そうすると、どんどん、「私」がくっきりと見えてきます。それさえやっていれば、誰がなんといっても、誰が何を持っていても関係ないんです。

それを、今すぐやってみるんです。

できることからやってみるんです。電話するとか、問い合わせするとか、なんでもいいからやってみるんです。

どんどん、輪郭がくっきりしてきて、他の人にもそれがわかるようになるので、今度は誰もが「輝いていていいね」というようになります。

他の人とか気にならないから、私は私の中で幸せが完結してくるから、負け惜しみでもなく、あきらめでもなく、「私、けっこう今の自分好きなんですよ」っていえるようになっていきます。


余談ですが、村上春樹さんが、「僕はマンガを読みません。やることが他にあってマンガにまわす暇がないのです。ただ単に優先順位の問題です。同じ理由で賭けごと、ゲーム、夜遊びもしません」とエッセイで書かれていました。

春樹さんもほんとうは『ジョジョの奇妙な冒険』を読みたいのかもしれない。

けれど、小説を書いて、走ることのほうが、大事なだけ。そんなふうに、**自分をしっかり認識している人こそ、何か大きなことを成し遂げる**人なんです。

人が転職しても、人が結婚しても、人がファッションに敏感でも、人がサッカーに夢中でも、「私は私」を貫けるってかっこいいですよね。

無理に上に伸びようとせずに下に掘り進んでみる

とはいえ、好きなことを見つけても、それを貫き通せる人は、多くはありません。

《自分のいいところを見つけて、「私ってこれが得意だったんだ」と気づく。小さな得意分野に気づいて、それを武器にしよう》

っていう話はよくあると思うのです。

けれど、多くの人が、それを達成できてないのはなぜだと思いますか?

それは、人に理解してもらえないだけでなく、挫折したり、あるいは、もっとできる人を見つけて、「私なんか……」と凹んで自信をなくしたからです。

料理が得意っていっても、もっとすごい人がいると、そんなのすぐに得意じゃなくなるんです。

いつも、どこでも、上には上がいる。きりがないのです。

それに対して、成功している人は、とことん突き詰めた「好き」か、これは誰にも負けないという「自信」のどちらかを持っています。

とにかく「好き」だと、その他のことをすべて捨てても、三度の飯より、それに夢中になっちゃうくらいののめり込み感があって、程度の差はあれど、人に何をいわれても、人に評価されなくても、続けることができるんです。

そして、「自信」があれば、いろいろな競合相手とかライバルが出てきても、「私のほうがきっとすごいんだ！」と思えるので、やっぱり続けることができるんです。

ぜったいに成功してやるぞ！　という感じじゃなくて、「まあ、好きだし楽しいし」「これは自信あるし、楽しいし」という思いがあるので、力みすぎないのです。

自分を活かしたいのなら、あと10年かかるといわれても、「あっ、それ好きだから、ぜんぜん続けちゃいます！」って、たとえ70歳でも焦らずにいえるような感じが必要なんだと思います。

それがない？　だからこそ、もっともっと、それが好きで面白くなるまで掘り下げるんです。掘って掘って、掘るんです。

上に伸びて花を咲かせたいのに、下に向かって掘るなんて、時間かかりそうでかったるいですよね。

でも、ひとつのことを継続して、ずっと輝き続けている人で、下に向かって掘ってない人なんていないんですよ。

「偏り」を見つめて「私」をでっかくする

人と関わるために自分を見つめ直すなら、自分自身の「偏《かたよ》り」のこともわかっていないとダメです。

自分をわかっている範囲＝自分の視野。

だから、自分のことが見える範囲でしか、相手のことはわからないのです。

じゃ、どうやって自分を見つめるのかというと、それはやっぱり経験なんです。人と会う場数になってしまう。いろいろな人に触れ、たくさんの本を読み、いろいろな考え方を知る。そうするとね、自分の思考のクセが見えてくる。

「私はこういうことはやろうとするけれど、こういうことはやろうとしない」という自分の「偏り」がわかってくるんです。

それこそが偏食、偏愛、偏性などというものです。いわゆる、こだわりと頑固さによる「偏り」なのです。

それが見えたら、今まで自分がやろうとしなかったところに、あえて向かってみてください。避けていたことに、目を向けていく、そして食べてみる。

そうしていくと、とんがった偏りが削られて、どんどん人間が丸くなって、自分が膨らんで、人として大きくなれる。


そうしてこそ、相手を理解して受け入れることができるようになります。

心のメガネって、歳をとっていく過程で曇ってくることだってあるんです。偏屈だといわれているおじいさんは、自分の「偏り」を中心に生きているので孤独なんです。

ちょっと、努力が必要だけど、たった1回の人生の中で「私」をでっかくしたいなら、「あんなやつ」とか「あんなもの」とか、否定している何かを、真っ白な気持ちになって知ろうとすることです。

「俺の哲学」を買え

人生で結果を出せるのは、「ジコチュウ」な人

子どもみたいに自由な人は、ときどき、「あれは嫌だ」とか「これでないとダメ」とか、なにか自己中心的で周囲に迷惑をかけていることがあります。

けれど、それは、とことん、自分に正直になるということです。わがままだけど、正直なんです。

だから、そんなジコチュウな人たちの多くは、やりたいことをやって成功していたりするんです。

真面目に生きている人は、「そんなの理不尽じゃないか！」と思うかも……。でも、自由に生きるって、そうとう覚悟のいるものなんです。

当然ながら、そうやって生きていると、考え方も価値観も違う相手とぶつかるのは当然で、そこでお互い折れなければ、決裂するということもあります。

でも、そういう**ジコチュウと呼ばれる人たちは、たとえ決裂しても自分の意志を通そうとする強さも持っているので、「ああ、ひどいことしてしまった」とかいう反省も後悔もしない。くよくよしないんです。**

さらに、「変人」呼ばわりされたり、友だちがいなかったり、ときに嫌われていたりすることもありますが、マイナスの部分もちゃんと受け入れて、それを気にしないでやっているからこそ、自由になれて成功しているわけです。

だから、思いやりとか、人に譲ることとか、そういうことの前に、「自分」をとても大事にしている結果なんだと思います。

たとえば、いきなり電話をかけてきて、「今から軽井沢に行きたいんだけど」とか、約束していたのに「やっぱりやめる」とドタキャンするのが平気だったりとか、みんなで飲んでいるのに、何もいわずに帰ったりとか、「1週間先の約束はしたくない」と、いつも明日のことしか決めないとか、ぜったいに結婚式には出ないと決めていたり（仲のよい人のお祝いでも）、「それはできません」とすぱっと断ったりするのは、ジコチュウな人にとってはふつうのことです。

そして、その人がそうやって生きていることで、何か自分の魅力が光るようなことに熱中している場合は、好かれているので、周囲もいつの間にか、それを受け入れていくんです。

周囲が8割反対していても「この企画でいきます」と押し通すことができる人がどれほどいるでしょうか。そんなこと、よほどの鈍感か、よほど自信のある人にしかできません。

失敗したら、責任、全部かぶりますからね。——そんな自信があるってことは、それなりに努力をしたってことなので、だから、結果的に周囲が巻き込まれていくんです。

そして、**ジコチュウを貫いていって結果を出す人が、実は『カリスマ』になっていくんです。**

また、ジコチュウで人を振り回すのは、何より自分に興味があるからだけなので、他のことなどほとんど気にしません。

だから、人の悪口をいったりして相手を振り回したりはしないんです。だからね、私は、成功するジコチュウな人がけっこう好きなんです。かっこいいですよ、男も女も……。

人の意見は都合よく聞いてみる

ジコチュウは、いわゆる、「人の意見を聞かない」というイメージがありますが、いいことだけは取り入れているんです。

ただ、世間に迎合しないというか、マジョリティに流されて保守的にならないという意味で「人の意見は聞かない」ってことなんです。

かのスティーブ・ジョブズがいっていました。

「ソニーがなぜ駄目になったかわかるか？　それはソニーがお客さまの話を聞くようになったからだ」と――。

たとえば、新しい洋服のデザインをしていたとします。

「スカート丈は長すぎないほうがいい」
「体形がカバーできるのがいい」
「ぱっと目を引く明るいものがいい」
「冠婚葬祭にも応用できるものがいい」
「ウエストラインがきれいに見えるものがいい」

人の意見はバラバラです。その意見を全部聞いていると、無難でありきたりで、当たり前のものができあがります。

人に迎合すると、新しいものは生まれないわけです。

反論からすべてがはじまる！

ときどき、なんで、こんな売れそうにない商品をつくったんだろうって思うものに出あうことがあるけれど、たぶん会社の偉い人たちの意見を聞いて、聞いて、聞いて、とんがっていた魅力を全部削っちゃったんだろうと推測します。

一方、売れる商品をつくりだす人、たとえばルイ・ヴィトンって、すごいジコチュウですよね。商品つくるときにお客さんの意見を一切聞かない。「オレの哲学を買え」という姿勢で、最初見たときは「なんなの、この花柄！」とか思うけど、それがあまりにも自信満々なので、みんなだんだんかわいくなってきて、結局、買いますもんね。それが、「ブランド」です。

自分で「これだ！」が、まず最初にある。それを周囲は「なんじゃやそれ？」と反論する。そこからすべてがはじまるように思います。

そういえば、昔、よく上司にいわれました。「人の行く道の裏を歩け」って。

そのときは、裏道を歩くって、なんか任侠の世界みたいに思っていたけれど（笑）、いつしか、ああ、こういう意味だったんだってわかるようになったような気がします。いろいろと人に反対されても、好きなことをして生きることが、ちょっとずつ私にも増えてきて、それでようやくわかってきた！　**大人から子どもになれた**んです。

私をつくろう！

私は私でいい。けれど「挑戦しないのが私」とか「人が嫌いな私」でいいとは、いっていません。今のままで、そのままでといっても**「今」が楽しくないのなら、それはやっぱり変えたほうがいい**のです。

もっとば～んと輝いて、もっと「ああ、私って幸せだな～」といいきれるくらいの「私は私」になることがいいのです。

そのために、いろいろな「私」を自分に付け加えてみてください。付け加える方法は1日1回、とにかくそれを「する」だけです。東大に受かれとか、エベレストに登れとか、そんなたいへんなことをいっているわけではありません。

今日、できることばかり。これをしないと一生変われませんので、とにかく1回でもやってみてください。ぜったいにできます。

次に挙げる中で、自分にいま「足りないな」と実感するものだけでいいので、まずはとりかかってください。

①＋「言える私」

「何が食べたいですか？」と聞かれたら「〇〇が食べたいです！」という。「どこに行きたいですか？」も同様。「意見がありますか？」「質問がありますか？」と聞かれたらとにかく手を挙げる。

そして「〇〇の部分、とても感銘を受けました。このときのお気持ちをお聞かせください」など、相手を評価するコメントなどを差し込んで質問する。

②＋「誘える私」

「今日、飲みにいきませんか？」「今度、お互いの友人誘って食事会しませんか？」

「好きなイベントがあるんですが、行きませんか？」「お昼、一緒に今からどうですか？」

とにかく、今日中に誰かにいってみること。そして、断られても「嫌われている」とかいう推測や妄想をしないこと。相手には、疲れている、興味がない、あるいはほんとうに忙しいとか、いろいろな事情があるのです。

とにかく、ここでは「ＯＫ」をもらうことがゴールでなく、ただ「誘える私」をつくるだけでいいので、相手の答えはどっちでもかまいません。

③ ＋「断れる私」

多くの「いい人症候群」の人たちのストレスの原因は、「断れない私」がいるからです。気が向かないなとインスピレーションで感じたら、とにかく断ってください。

断ることができたら、「すごい、できるじゃんオレ」と自分を褒めてください。

「すごく行きたいけど、今日はダメなんです」と残念そうにいう。「けれど、誘ってもらってすごくうれしいです」と笑顔でいう。こんなふうに、断り方さえわかっていれば、断っても相手はあなたを嫌いません。

断るとき、「私はこれを断るのは正しい」という思いで、堂々と断ることができるようになり、自分の価値観における大事なことを優先的にできるようになると、けっこう楽に生きていけるようになるし、誰かにコントロールされるような生き方をしなくてすむようになります。もう「私は私」です！

「そうはいっても、断ったときに相手がむっとする態度にびびってしまって……。それで、『じゃ、やっぱりやります』とか、すぐにいってしまうのです」

そういう人もまだいるかもしれません。断ることに罪悪感を持ってしまっているのです。そんな方が強くなるためのポイントを次にまとめておきます。

- **堂々としていること。**
- **それが仕事で、やったほうがいいと思うなら、自分で前向きに引き受けること。**

やらされたでなく、やる。

・ふだんからちゃんとできるときはしっかりと仕事をしていること（そんな人が真面目に堂々と『どうしても反故《ほご》にできない用があるのです』といえば、相手はムッとしないものです）。

・相手は、振られて悲しいはずだから、他の日をこっちからすぐに（その場で）誘ってフォローする。

④　＋「助ける私」

道に迷っている人がいたら、「お手伝いましょうか？」。仕事で困っている人がいたら「私、一緒にやりますよ！」。

あるいは、電車で席を譲る。おばあさんの荷物を持ってあげる。友だちのお祝いを盛大にしてあげる。

そんなとき、「いいです」などと、断られても、別にいいのです。

断られたらやはり笑顔で、「あっそうですか？　わかりました！　なにかあったら声をかけてください」と、あっさり引き下がるのも大事。

⑤ ＋「許可する私」

誘える私になるのも、助ける私になるのも、私自身が「これ、やってもいいかも」と自分に許可を与えることなしにはできません。だから「いいよ」って自分にいうのです。

「失敗してもいいよ、やってみてもいいよ」

どんどん許可を出してください。そして動いてください。

⑥ ＋「感謝する私」

ここでいう「感謝」は、「感謝してます」と言葉だけでいうものではなく、行動で表した感謝です。

とにかく、たくさん「ありがとう」という。またお土産を買っていくのもよし、お手紙を書くのもよし、相手を褒めるのもよし。

今すぐできることからやっていきます。感謝を表せば、どんどん世界は変わります。

⑦ ＋「おめでたい私」

とくに変わり映えのしない日であっても、何もなかったことに「すごい、今日も事故なく無事に終わった！」と思える、なんだかおめでたい人になってみる。

「なんだか私って、ついているなあ」と、何もなかったことを喜んでみましょう。

⑧ ＋「打ち明ける私」

「実は私、二股かけられていたんですよ～」「実は入院しておりまして」というような自分のマイナス面を明るく打ち明ける。

笑って、「ああ情けないでしょう」とか、「もう、ついてないんですよ」とかいいながら、自分で自分を笑い飛ばすのです。

⑨ ＋「怒る私」

いわずもがな！　あまりに腹が立ったなら、我慢せずに怒ってみる。

確かに角が立つかもしれない。もしかしたら、対立するかもしれない。

けれど、怒るということは、とても熱量を必要とする行為だから、冷めているよりも、ずっと真剣だってこと。

しかし、怒るときは「事実」と「感情」を伝える。相手のことを「推測」していわないことが鉄則です。このことは後で説明します。

⑩ ＋「陽転思考する私」

泣いても笑っても、そこにある事実は変わらない。どうして、どうして……と悔やんでも、過去に戻ってやり直すことはできません。

でも、どんなに底でも、どんなに暗くても、必ず一点の光がある。だから今、自分が持っているものから「よかった」を探してみる。

「失敗してよかった、なぜなら？」と探してみる。

人の気持ちがわかるようになった、初心に戻れた、と明るい兆しを探せれば、私がけっして不幸ではないということに気づくことができます。

事実と感情と推測の言葉

人間関係の悩みって、つきないですよね。

思ったことをいえないのは、相手に嫌われたくないからという理由であれば、「それを口に出す勇気」が必要です。

そう聞くと、なんだかハードルが高く感じるかもしれません。

でも大丈夫です。

相手の意図を正確にくみ取り、そして自分の思いを「こう伝えればいい」ということがわかるようにさえなれば、実はそれほど力まなくても、勇気は自然に生まれるし、意識せずともその状態が継続するようになります。

そのためには、**「事実」「感情」「推測」の言葉を理解して、推測での判断をしないこと**が重要です。

部下が遅刻した場合。

「君は今日、10分遅刻をしたね」は『事実』です。

「君が遅刻をしてとても残念だったよ」は『感情』です。

「君はだからいつもタイミングが悪いんだよ」は『推測』です。


子どもが物をなくした場合。

「大事な○○がなくなりましたね」は『事実』。

「お母さんは○○をもっと大事にして欲しかったわ」は『感情』。

「物を大事にできないのはお父さんそっくり。ほんとうにだらしないんだから」というのは『推測』。


相手の人格をまるごと否定すれば、その失敗は、アクシデントではなく、その人が「だらしない」から起こったことであり、ずっと続くことになります。

人はこのように否定的な推測をよくします。そして、されたほうは自分の自信をなくしていくのです。

以前、部下に「私はもう必要ないようですから、○○さんにやってもらってください。私は、やめます」というような物いいをされたことがあります。

「はっ？　どういう意味？」

と聞くと、

「最近、同行にも呼ばれませんので、私はそんなに必要とされてないんですね……」

というのです。

これ、さみしさから生まれた推測の言葉です。


必要とするか、大事と思うかどうかは、私の感情です。

それを勝手に推測していっているので、こちらはどうしてもカチンとくるわけです。

そんなことをいちいち気にするような人は、一緒にいると気を使い、疲れます。

「○○さんばかり同行されていますが（事実）、私も出張にご同行させて欲しいです（感情）」といえば、私の反応もだいぶ違うわけですよね。


思い込みで人の考えを推測し、推測で言葉を使うと、関係は破綻してしまいます。

第四章

人づきあいは力を抜くくらいがちょうどいい

友だちが少なくても問題なし

人脈づくりは苦手でいいのだ

実は人脈づくりが苦手な私。

だから「人脈を広げるコツを教えてください」と聞かれると、ついつい自分を正当化しようとして、「いかに人脈を広げないほうがいいか」というこじれた持論を展開していたこともあったんです（苦笑）。

でも、本音をいうと、「人脈を使って、どんどんアグレッシブにビジネスを展開する人たち」が羨ましくなるのも事実……。

だから、自分には合わないと思いつつも、マネしたくなってしまい、人脈づくりの天才オーナーに、質問したこともありました。

「〇〇社長、人脈って　どういうものなんですか？」

「その人が何を求めているかによって、定義って変わってくるよね」

「定義が変わる？」

「有名な人を知っていれば自分のステータスが上がるとか、そういう関連の人たちと知り合いになるとか、そういうことが目的の人はそればかりだし……。でも、僕の場合は、偉いとか、有名とかは関係ないんですよ」

「あっ、そうなんですか？」

「僕は、お互いがウィンウィンで、役に立てて、ビジネスでも人生でも、何か学びの多いつながりを求めているんです」

「でも、出会ってからどうやってつながっていくんですか？」

ここからが知りたい技！　私はつい身を乗り出します。

「それは、相手に手紙を書いて、それから一度食事でも、とお誘いして、食事に行ったなら、まずは相手のメリットになるような、たとえば情報提供とか、人の紹介とかを、こちらから先にどんどんするって感じかなあ」

「なるほど」

「あとは、とにかく3回は会う。接触回数を増やすことだね。相手の会社の商品を買うなどして、相手のお客さんになってしまうというのもあるね」

「それ、マメですね！　すごいですね！」

「いや、和田さん、**ほんとうにマメでないと人脈づくりなんてできない**ですよ。出会いの数が多いだけなんて、まったく意味なしです」

「マメさ……」


それを聞いたとき、私はすっかりうなだれてしまいました。

なぜ、私が人脈づくりに向いていないかというと、ぜんぜんマメじゃないからです。

努力して「マメになろう」と思って、ときどきスイッチが入って、食事会をしたり、メールの返事をマメにしたりするんですが、いかんせん、それよりも、ひとりでいるのが好きなので、やはりマメになれないわけです。だから、私は、努力してやってみたうえで、これはもういいやと、人脈への執着をすっぱりと捨ててしまいました。

できる編集者は、たとえば本を書いて欲しい人がレストランで働いてたら、もう、何度も何度も自腹でそこに食べにいきます。実にマメです。

それがアーティストなら、何度も何度も、自腹でコンサートに通っています（幻冬舎の見城徹社長しかり）。私だって、顔と名前を覚えている方は、何度も何度もセミナーにきてくださっている人になります。マメです。

もう、マメになるしかないんです。お金も時間もかかるんです。

けど、もし私のように「やっぱりそんなにマメにできない」と思うならば、そんなに多くなくていいので、**数人でもいいから大事な人と何度も会って、深く知り合えばいいです。量より、質をとっていくのだ！　と思い切る**のです。

向いてないことってあるんです。でも、自分のやり方もある。

安心してください。私、こういう感じだから、すごく友だち少ないです。今日、暇だから飲みに行きたいなと思ったときに誘える人って2人くらいしかいない（笑）。けど今では私、友だちが少ないほうが、楽で楽しいなあと思っているんです。

「私は誘われない」という人へ

「私って、そもそもが誘われないんです」という人がけっこういます。そして、「自分にはなんて魅力がないんだろう」って辛くなっていたりするんですよね。さらに、「ああ、私ってダメ、私なんかダメ」って、自己否定モードの悪循環に入ってしまう。

でも、この悪循環は、あっという間に好循環に変えることができるし、ときに、そのままでもいいってこともあるんです。

あるとき、「人づきあい」をテーマに取材を受けたとき、女性ライターのOさんが、ぼそっとこういったんです。

「ちょっと自分の悩み相談みたいになってしまうんですが、私、そもそもが誘われないので、そういう人づきあいからは離れているんです」

それに対して、私が「そうなんですか、楽でいいですね」というと……。

「いえ、そうでもないんです。なんか、誘われないのも寂しいし、外されている感があるので、まあ、辛いときもあります」

「あれ？　あの、誘われたいんですか？」

「もちろんですよ〜〜」

「ああ、そうなんだ。それ、むっちゃ簡単に解決できますよ」

「誘われるようになるんですか？　この私が？」

「もう1回聞きますけど、ほんとうに、ほんとうに、ほんとうに、誘われたいですか？」

「えっ？　いや、やっぱり面倒なものはちょっといやですけど」

「だからそれ」

「はっ？」

「誘われない原因は、誘って欲しくないから。で、自分からも誘ってないからなんです。だって、ひとりが好きそうなオーラが、半端ないくらい出まくっていますもん。だから、誘いにくいんです。私、同類だからわかるんです」

「ええ〜」

「つまりは、誘って欲しそうな顔してないってこと。こんなこと思い当たりませんか？　たとえば、『今日、飲まない』っていわれたとき、『えっ、どうしようかな、家に帰ってゆっくりしたいし、『明日は早いし、でもせっかくだし』みたいに躊躇したこととこととか」

「あ、いつもです」

「あはは、だからですよ。気づかないと思うけれど、体がすでに数ミリ後ろに引いてるんです。誘われやすい人って、そういうときに、躊躇がないんです。体が前のめりになって、『わ〜行きます！　行きます！』ってけっこう即答してるんです。それくらい反応が違う。だから、それ数回繰り返していると、もう『誘っても来ないな』という人になるんです。で、もうひとつ聞きますけど、自分から誘ってます？」

「いや、ええと……ぜんぜん……」

「そうなの、魂が求めてないんです。だから誘われない」

「私って複雑なんですね（笑）。うぐぐ」

「はい、**誘われないのは、Oさんが求めないからで、Oさんが嫌われているからではない**ということだけわかっていたらいいんです」

「でも、それでも誘われたいというなら？」

「ええと、①自分から誰かを誘う回数を増やしていく（断られても、それは今まで自分が断ってきたことと同じだからいちいち傷つかない）、②誰かに誘われたら、毎回100％イエスと答える、③それを3ヵ月くらい続ける……くらいです」

「けっこう、しんどそうですよね（笑）」

「うん、だから、しんどくてできないないなら無理しないでもいいのです。Oさんの魅力がないから誘われないんじゃなくて、Oさんが誘って欲しくないから誘われてないってこと。Oさん自身、誘われたら困ると思っているんです。それに気づけたら、あとは自分で決めればいいんです。勇気を出して自分から向かっていくか、無理しないでいいやと割り切るか。どっちにしても大事なことは、自分から求めていることをやっているってこと。それでいいんです」

自分に何が向いているかは、自分でもよくわかってないことが多いので、いろいろと数ヵ月だけやってみて、それでもいいやと思ったなら、たぶん、人を羨まなくなって、ずいぶん楽になると思います。

なにより大事なことは、「これでいいのだ」と、今の自分を肯定することなんですよ。

めんどくさい人たちの攻略法

「上から目線」で苦手な人を育ててしまえ

正直にいうと、私はやたらと持ち物を自慢する人がすごい苦手だったんです。

たとえば、「日本に3台しかない車に乗っているんですよ」とか、「これは数千万した時計です」とか、「私は○○さん（有名人）を知っていて、よく食事に行くんですよ」などと、物を持っている、誰それを知っていると、自慢する人たちです。

「和田さん、さては嫉妬してたんでしょ？」と思われそうですが、そんな外付けハードディスクよりも、私はもっとその人の中身に興味があるので、そんな話をされても面白くない。持っているものよりも、体験してきたことを聞きたいのです。

でも、興味がないとはいえ、いちおう私も大人なので、「うわ〜さすが〜」と喜ぶようにはしています。目の前の人を幸せにしたいし、それができる私が好きだからです（←結局はいい人と思われたい）。

しかしごくたまに、すごく疲れているときなど、ついつい素が出て「ああ、そうですか。よくわからないし、興味ないんですよ」と、笑顔もなくいってしまうことがあります。そんなとき、その場の空気がシーンと一瞬で冷めていくのを肌で感じますし、「ああ、いってやった！」とすかっとした後味があるわけでもなく、「自慢した人を傷つけたかもしれない」と、ちょっとかわいそうになってくるんです。

結局、褒めるのも疲れるし、素で対応しても後味悪い……だから、こういう人は苦手なわけです（笑）。

ということで、そういう「物自慢」をする人はできるだけ避けて通りたい。けれど、10人にひとりの確率で遭遇してしまうので、彼らへの苦手意識をなくし、一緒にいても疲れない（つまり嫌いにならない）ようにするために、私はこう思うようにしています。

「この人は子どもみたいな人で、おもちゃをみせびらかしたりすることでしか友だちをつくる方法を知らないんだ。ほんとうは中身に自信がないから一生懸命に外側で好かれようとしているんだ。まだ精神は子どもなんだから、一生懸命褒めてあげよう」

そんな、親になったような気持ちで、「わ〜○○ちゃん、すごいね〜」というイメージで褒めるようにしているのです（書けば書くほど、上から目線）。

そして、さりげなくほんとうはあなたの精神的大きさが人の魅力になるんだよ。あなたはそれを持っていなくても、十分すてきなんだよって伝えていきます。


「○○さん、すごい車なんですね。でもたぶん私は、リヤカーを引いている○○さんも好きですよ」

「○○さんの人脈はほんとうにすごいですね。でも私は、○○さんご本人に興味があるんですよね〜」


そんなふうに〝上から目線ワールド〟を展開するんです。

これ、いい方に気をつけないと、むっちゃ嫌な感じの人になってしまうかもですが、実はこれがいえると、自分がなんだか大きなすばらしい人間に思えてくるんです（笑）。人を育てているような気がして、「私って、なんかすごくない？」と……。だから、お互いハッピーなコミュニケーションなのですよね。たぶん。

同様に、「すぐ怒る人」や「思いやりのない人」も、子どもだから仕方ないと思うようにしてかわしています。

相手が、上司でも、親でも、先生でも、未熟な人はいます。そんな人に対し、理不尽な思いをし、悔しがっても、相手が変わることはありません。だったら、もう「『相手は子どもなんだ』と思って育てていこう」って接し方を変えることです。

感情の色を混ぜて、汚い色にしない

相手のことを100%好きになろうなんて無理な話です。この部分は好きだけど、ここはどうも……というのがあってもいいのです。

というか、完璧な人を求めない。自分にも欠点があるのだからお互い様ってこと。自分の気持ちも割り切ったわけですから、今度は苦手な相手も分解してしまうのです。

手は好き、目は好き、でも足は嫌い、という感じです。

それで、この嫌いなこの人のこの部分を、「ここ黒で塗っとこう」「好きな部分はピンクで塗ってみよう」「怒りっぽい心は赤！」とか、まさに塗り絵感覚で、分解したパーツを色分けするんです。

ひとつひとつを色で見ると、それぞれの個性になっているはずです。そうやって色分けして、好きな色をできるだけ見るようにするんです。

そうすれば、多少苦手な相手でも、少しはいいところが見えてきて、許せることも増えてくるはずです。


ただしそのとき、自分の感情を抑えることが必要です。たとえば、第一印象がよくなかった人を分解するとき、「あ〜嫌い」という感情が先に立つと、これらの色をグチャグチャに全部混ぜて、汚い色にしてしまい、全部が嫌になってしまう。

ほんとうは、迷彩柄みたいな人だったのに、混ぜて見た結果、ただのどす黒い色の人に見えてくるんです。相手を見極めるには、客観的な冷静さが必要だということですね。

苦手な人に「あだ名」をつけよう

以前書いた『人づきあいのレッスン』（ダイヤモンド社刊）という本に、「苦手な人には『あだ名』をつけよう」ということを書きました。

私には、とても苦手な上司がいました。その人は途中でトラブルがあって解雇されたのですが、あまりに会社を私物化したり、好きな人だけを優遇したりするので、本当にイヤだったのです。

その人につけたあだ名が「半魚人」。どっかで見た半魚人のイラストにそっくりだったのです。最初はこっそり「半魚人」と心で呼んでいたのですが、今度は「どん」に変えてみたのです。そう、「半魚どん」です。

そう呼ぶと（心でね）、気持ち悪さが消えてキュートなキャラに変身したのです。

『人づきあいのレッスン』では説明していなかったのですが、実は、こうして**「あだ名をつける」ということは、「保存ファイルの名前をつける」という、深い意味があるのです。**

私は、「脳には、情報を分類するためのさまざまな記憶ファイルがある」と考えています。たとえば、「好きな人ファイル」「苦手な人ファイル」「尊敬する人ファイル」などです。もちろんそれは人に限らず「悲しいできごと」「楽しいできごと」など、いろいろと整理されています。

「苦手な人ファイル」には、これまでの人生で出会った、ものすごいクセモノのリストが並んでいるわけです。あまり開けたくないファイルですよね（笑）。

で、目の前に「ああ、この人苦手～」と思う人が現れると、自動的に「苦手な人ファイル」にぽいっと入れてしまうのです。

ファイルの表面には「苦手な人とは」という説明（定義）がついていますから、

①自動的にその定義にあてはめていきたくなる。

②その結果、歴代の苦手な人たちと新しく入った「苦手な人」は混じり合っていく。

③実際にはそうではないのに定義に基づいて「ああいうタイプの人って、こういうこ

とをいうんだよね」と決めつけてしまうようになる。

それを避けるために「あだ名をつける」んです。

たとえば、ムカつく上司には「悪だぬき」とあだ名をつけ、新しい「悪だぬき」というファイルをつくって、そこに入れるのです。

そのファイルに入っているのは、その人だけ。なので、ほかの「嫌いな人」と同化せずにすむ。その結果、いいところを見られるようになったり、上司が意地悪なことをしようとしていても、「なんか〝悪だぬき〟が企んでいるな」という〝上から目線〟にもなるので、面白がれるわけです。


どんなに上司が気に食わないと思っても、たとえ嫌いでも、相手が辞めるか自分が辞めるか、定年を待つかしかないでしょ？

いや、社長に上司の悪態を直談判しにいくという手もあるけれど、「悪だぬき」も世渡り上手なので、社長を丸め込んでいたりするでしょ？

だから、せめて新しいファイルをつくって、そこに入れ、「それ以上嫌いにならない」ようにすることで、自分の精神状態をいい方向にもっていくというわけです。

わずらわしい人間関係は割り切っていい

悪口をいう人より、いわれている人と自分との関係を大切に

ときどき、こんなことを聞かれます。

「私にとってはいい人で、とってもお世話になっているんですが、いつも、その人は周囲の人の悪口をいうので、同意しないといけない空気になって、それが辛いのです。どうしたらいいですか？」

誰だって、聞きたくもない悪口を聞くのは気分のいいものじゃないですよね。

そういうときは、「なんでこの人って、こんな悪口ばっかりなんだ！　いやだなぁ

……」と、その人のことをいろいろ考えるよりも、〝**悪口をいわれている人と、自分との関係がおかしくならないこと**〟**に意識を向けることのほうが、すごく大事**なんです。

心という〝畑〟って、いいとか、悪いとかもなくて、なんでも聞いたことを、その大地に染み込ませてじんわりと吸収してしまうものなんです。

とくに、そんなに深く話したことのない人、まったく会ったことのない人の話は、鵜呑みにしやすい。人は最初に聞いた情報を信じやすいからです。

「○○さんって実はわがままで、人の好き嫌いが激しいんですよ」と、信用おける人から聞けば、そうなのかな？　と思ってしまいやすい。

でも、それが危険！　そういう先入観があると、どうしても、その人に近づこうとしなくなります。

私の大事な友人が、ネットで知らない人に叩かれたりしているのを見ると、むかっとします。

「あなたは、あの人に会って話をしたことないよね？　ほんとうにわかっているの？　あの人がどれだけ陰で努力してるか！　あの人はいろいろ見えない責任を抱えて、それでも、それをまわりの人に感じさせないように、真面目に明るくやっているんだよ。憶測でいわないでください」

そう弁護したくなるし、実際に「こんなこと耳にしましたけど、どうなんですか？」と本人に聞いてみたら、すべて事実無根だったというケースがたくさんあるのを知っています。

だからとにかく、**悪口は鵜呑みにしない。そして聞きたくないことは、「そうなんですね」というあいづちで返し、「そう思います」とけっして同意しないスタンスを守り通す**ことです。

ただ、ほんとうは、悪口っていわないほうがいいのだけど、褒めるだけがすばらしいという認識も間違っていると思います。

たとえば弟の前で「お兄さんはすごいよ、１００点だって」といったり、部下の前で「新人の○○さんって、社内でいちばん愛想がいいね」というなど、**他の人を褒めるという行為は、同時に、目の前にいる人を否定していることになりかねない**からです。

なぜなら、みんなの前で○○さんばかりを褒めても、それを聞いている他の人は、それほどいい気持ちになれないんです。人の幸せを喜ぼう！　といわれても、そんな崇高なこと、ふつうはできないんですよ。

だから、褒めるときも注意が必要。

「お兄ちゃんは、スポーツができてすばらしいよね。でも、○○ちゃんは、すごく虫に詳しいから、それもすばらしいんだよ」などという言葉をもらえるだけで、ぜんぜんがんばり方が変わるんです。

めんどうな人間関係は、切らないで〝棚上げ〟する

とはいえ、どうしても気の合わない人っているものです。それが会社の上司だった

り、同僚だったりすれば、たいへん！　毎日が憂鬱になってしまいます。

そんなときはどうすればいいのでしょうか？


答えは簡単！　**悪口を聞かなくてもいいくらいの距離をとればいい**んです。

そんなことをしたら、相手に自分が嫌っていることを知られてしまうかも？

それも心配することはありません。もし、あなたが距離を置いたとしても、それは相手にとっては、あなたが勝手に相手のグラウンドから降りたくらいにしか見えません。


自分の決断だけの問題だからです。そんなに大きな問題でもないんです。


いやな相手とそんなに無理してつきあうことはないんです。

自分自身がしっかりしてきて、何を聞いても「私はそうは思わないよ」とはっきりいえるときがくるまで、あるいはそういっても、相手が「そうなんだ、わかった」と受け入れてくれるときがくるまで、そっとその**関係を〝棚上げ〟しておくのです。人って1年後に会うと変わっていたりするものなのです。関係は捨てるものではなく、**

距離を置くか、時期を待つということです。

相手が怒っても無視をしていい

あるとき、1度もお会いしたことのない人から会社に電話があって、スタッフが応対したんですが、その人「原稿を送るから読んでください」「読んだらメルマガとかで宣伝してください」というのです。

もちろん、読んですばらしい内容だったら紹介するけれど、その人のいい方や態度から断ったほうがいいと判断したスタッフは丁重に断ったんです。ほんとうに「丁重」に。

そしたら、その方が、「お前はケチ」だの、「心が狭い」「可能性をつぶすのか」などと文句をいって電話をガチャンと切ったそうです。

「和田さん、私、生まれてはじめて殺意が生まれました」と、電話に出たスタッフはすごい剣幕でキレてしまいました。

確かに、そんないい方ありえない。スタッフが怒るのも無理はないですね。

私ね、頼むまではいいと思うんです。遠慮してるよりも、いってみないとわからないから。

でも、でも、頼まれて、断ったら嫌われるって、なんだか、おかしいでしょう？「好きです」といわれ、「すみません、私は他に好きな人が」「なに〜〜、お前なんかブスのくせに！」って感じです。かなり迷惑ですよね。

このような「逆恨み」をする人に対しては、ぜったいに気を使ったり、怖がってはいけません。**どんなに陰で「逆恨みの悪口」をいわれても、慌てずに、無視して、「どうぞ勝手にいってくれ」と、笑ってやり過ごしてください。**

こんな理不尽なことで悪口いわれるのは、どうしようもないくらいむしゃくしゃするし、おさまらない気持ちもあると思うんです。けれど、人は自分のほうにどうしても向いて欲しいときに、あえて嫌われるようなこともしてしまうんです。

だから無視！　**堂々と、こんな人には嫌われてもいいやと割り切って、記憶からも消し去るのです。**

大丈夫です。逆恨みして、悪口をいっている人で幸せになった人、見たことありません。そして、いつか必ず、あなたの前から消滅します。

「君はダメだ」に負けちゃダメ

私の友人で、結婚してからずいぶんと変わった人がいるんです。

以前は明るくて、なんでも自分で決めて動く行動派だったのに、結婚後は「でも、私なんか……」と、いつも自信なげで、決断できない人になっちゃいました。

まあ、人は変わるし、結婚して落ち着いたのかな？　程度に思って、とくに気にしてなかったんですが、数年後に彼女が離婚して、また以前の活発な人に徐々に戻っていくのを見たときに、「ああ、これは人の影響から外れたんだな」とわかりました。

だから思い切って聞いてみたんです。

「ねえ、離婚の原因って、お互いの価値観が合わなかったからっていっていたけど、なんか、あったの？」

「うん、実はね……毎日息が詰まりそうだったの」

「そうか……、離婚してから、なんか明るい○○ちゃんに戻ったよね」

「うん、すっかり楽になれたよ」

「でもね、○○ちゃんは、〝オレについてこい系〟が好きだったじゃん。だから元ダンナみたいに、男っぷりのいい人を好きになったんだよね」

「うん、だけどね、私、彼といるとどんどん自信がなくなって、自分が小さくなっていく気がしたの」

「小さくなって？」

「ほんとうに、大きな〝何か〟があって離婚をする決心をしたわけじゃないの。小さな小さなことが積み上がって、それが喉もとまでぐわ～と上がってきて、ああ、これはもう私、鬱《うつ》かもしれないって。たとえば、料理をつくるとするでしょ。そうしたら、おいしいっていわないの。で、『おいしい？』って聞いたら、『ああ、うまいよ』というの。で、お中元でもらった山形牛の焼き加減と塩加減を失敗したら、『ああ……なんでこんな味付けするんだよ。やっぱりオレがやればよかった。○○にやらせなきゃよかった』とむちゃくちゃ怒るわけよ」

「なんか傷つくね」

「私、もともとがさつだし、大雑把でしょ。だから、ドアを閉めるとき大きな音を立ててしまうことがあって、そのたびに『うるさい！』って怒鳴られるとか、他にもいろいろとあって、なんだか毎回怒られている感じで、だんだん顔色をうかがうようになってきて……」

「そうなんだ」

「レストランを私が選ぶと、『この店も悪くないけど、オレの知っている店のほうがコスパいいから、今度はそっちにしよう』とかいう。ありがたい言葉だけど、私は辛いわけ。なんだかとても悲しいわけ」

「わかる！　それ、否定されてる感じするもん」

「新聞読んでいるときに話しかけると、『邪魔するな！』って怒る。なにか話しかけるのも怖くなってきてさ」

「うんうん」

「年上だし、尊敬しているから、いろいろと質問したし、それに応じて、ここはこうしたほうがいい、それはこうしないといけないとか、いろいろ教えてくれるのだけど、彼はね、1度も私に『○○で悩んでいるけどどうしたらいい?』って、聞いてくれたことがなかった」

「うんうん」

「それで、あるとき、『君はだらしないから、こういう失敗をするんだ』っていわれて、ああ、わたしってだらしない人間だったんだと強烈に思って。それでなんか、自分で決めると怒られるし、失敗しないように気をつかって……。わたしね、彼のこと尊敬していて、すてきな人で、いいところいっぱいあるから、ずっとずっと一緒にいたかったんだけど、わたしね、自分がなくなっていきそうで、どんどん、自分がダメなんだって思えてきて、好きなのに、辛くて。でも、どうしても、彼の思うような人になるのはしんどくて。ある日、とうとう彼に我慢できなくなった……」

「そうか……」

「私はあなたと一緒にいると、私のことをすばらしいと思えなくなる。これは、私をもっとダメにしてしまう。私はこれからの人生、自分をすばらしいと思って生きていきたい。あなたが私に求めることは、私が私じゃなくなることです。私は自分がすばらしいと思いたいから離れたほうがいいと決めました……っていった」

「すごい。よくいえたね」

「うん、自分が死にかけていたから必死だった。あのままいたら、もう私は、なにかに心を乗っ取られたみたいに、私じゃなくなったと思う」

「私も、そういう経験あるけど、ねえ、**やっぱりパートナーは『ああ、この人はなんてすばらしいんだろう』と思わせてくれるよりも、『ああ、私ってなんてすばらしいんだろう』って、お互いが思える人じゃないと人生輝かないんだよね**」

「それにしても、生活もたいへんだし、子どもも育てないとだし、貧乏になったけど、私、自分を取り戻せた。だからこれでよかったんだよね」

「うん、最高！　10年後、もっともっと今よりも、よかった、よかったっていっているよ。ぜったいにぜったいに、いっているよ」

自分の近くにいる人が、どんなふうに自分を扱ってくれるか、それによって〝私〟は大きく変化することがあります。その影響によって、「自信のある私」にも「自信ない私」にもいかようにも変化してしまうのです。

だから、もし目の前の人があなたの自信を奪うなら、それに従順になってはいけないのです。断固抵抗して、ときにはそこから逃げるべきなのです。

第五章

どうしても苦しいとき、やり過ごす方法は必ずある

逆境も笑い飛ばせば必ず好転する

他人のお弁当のほうがおいしそうなとき

あなたのお弁当は梅干しだけの日の丸弁当。隣の友だちのお弁当は大きなハンバーグや卵焼き、イチゴまで入っていて豪華……。とても恥ずかしくて、自分のお弁当を蓋で隠してコソコソ食べてしまう。そしてどんどんみじめになるばかりです。

そんなときは、「梅干しはある！」「ご飯もある！」と、陽転思考で、「食べることができただけよかった」と思うようにすればいいのでしょうか。

貧乏なこととか、お弁当が梅干しとか、その事実は変えることができないので、とにかく受け取り方を変えていく方法しかないのかもしれません。

でも、それだけだと、あなたはまだ、その梅干しだけのお弁当が好きでない。だからやっぱりお弁当の時間は楽しくないままなんです。

どんなきれいごとをいっても、誰だって、梅干しだけのお弁当より、色とりどりにおかずが入ってるほうが好きなんです。

ないものはない。けれど、ほんとうは欲しい。

その状態で自分を肯定したら、「どうせ私は貧乏だから、しかたない」というすっかりあきらめたような冷めた気持ちになり、豪華なお弁当の人を見て、「あの人は金持ちのぼんぼんだからね。苦労がないよね」と思うしかなくなります。

この「冷めた気持ち」は、苦しみから生まれたものです。そんな**冷めた心で「私は私でいいんだ」といっても、どこか暗くて重いんです。**そのままでは、あなたはまだ、自分のお弁当を隠しているのです。

問題は「お弁当」ではなく「劣等感」なのです。

強さよりも、笑える力

私がいろいろな人と関わってきてわかったことは、「どうせ私は貧乏だから、しかたない」という**すっかりあきらめたような自己肯定は自信を生まない**ということ。だから、安易な自己肯定は、実は自己否定なわけです（ややこしいなあ）。

実は、私が小学生のときに、遠足のお弁当がいつも質素な子がいたんです。小林くんといいます。彼にはお父さんがおらず、持ち物も着ている服も、お古ばっかりでした。でも、小林くんは、遠足のとき、誰よりも豪華になるんです。なぜって、彼が質素なお弁当を、みんなに自慢げに見せるからです。


「ぎゃ〜〜。今日もおかずない〜。こんな弁当、あるかよ〜〜〜がはははは」

「じゃ〜○○くん、このおかず食べる？」

「わ〜うまそ〜やん、食べる食べる」

「私のサンドイッチも食べて、もう、お腹いっぱい。でも残したら怒られるもん」

「くれくれ〜」

そんなふうに、みんなが彼におかずをあげていきます。そして彼は、誰よりも豪華なお弁当を食べ、みんなに明るく「ほんま、ありがとう！」と感謝します。

私はそんな彼に好感を持っていました。そして彼は人気者でした。

「そんな施しを受けるのは惨めだ！」と思う人は、それでいいんです。「武士は食わねど高楊枝」という武士道の精神で、自分のお弁当を堂々と食べればいいんです。

うん、それも悪くない。強くて硬派でかっこいいです。

でも、施しかどうかとか、自分のプライドがどうとか、そんなことよりも、「ああ、おいしかった！　しあわせ〜〜」と楽しむほうがよくないですか？「なにそのお弁当！　まじで、梅干しだけ？」と相手に笑っていわれるほうが楽しくないですか？

悲しいお弁当を悲しいまま受け入れるより、楽しいお弁当にしてしまってから受け入れると、自信ができてほんとうの自己肯定が生まれます。

だから、小林くんのように、**自分のことを笑い飛ばせることができる人ほど強い人なんです！**　かっこよすぎます。

「ぜったい」と思い込んでいたものを捨てればラクになれる！

「ぜったいに、なにがなんでも」はもういらない

「ぜったいに受験に合格するぞ！」はすごく大事な決意です。だからそのときは、ぜ・ぜ・ぜったいに、そのゴールをめざして、集中して日々邁進してください。

けれど、私は、「それって無理でしょ」とか「難しいんだよね」とか、一瞬でも思ってしまったことに関しては、その後、どうあがいても「ぜったいに達成する！」とかになれないんです。だから、実は取りかかる前に怖じ気づいてて、「これはかなり危険、ふつうの体力じゃ無理、いやもう奇跡を起こすしかない」といったふうに、やる前からいかにそれが難しいのかを立証することばかりに力を入れてしまう……。

実は、前述した小林くんのお弁当の話を、ある年配の男性にしたとき、すぐにこういわれました。

「でも、そんなことといえるかなあ。ふつうはなかなか難しいことだよね」

「そうですか?」

「実際に、周囲だって、どういう反応をするかわからないでしょ。だから、僕には無理だなあ」

難しいといわれると、とても悲しくなりました。そして、「そうだなあ、小林くんみたいになれる人って、あんまりいないんだ」って、私も思ってしまったんです。

セカイは変わらないかもしれないけど、「私の世界」は確実に変わる!

でも、そのあと、ぼんやり考えてたらなんとなくわかってきたんです。

「ぜったいに達成しよう!」と思うと難しいけど、「まあ、やってもいいかなあ」程度で、軽く、ゆるく、とりかかっていることって、楽しく続いていたりするってことに……。

「ぜったいにその問題を解かないといけない」とか思わないで、「ちょっと、この問題やってみようかな」くらいに考えれば、やる前から「難しいし」と深刻に考えないでしょう？

これだ！　そう思った私は、その男性に、もう1度、確認しました。

「あの、たとえば、『オレの弁当、梅干しだけなんだよ』と隠さず見せていうだけならできますか？　えっと、周囲の反応はそれでも冷たいかもしれないし、おかずをくれたりしないかもしれないけど、そういう、ぜったいという結果を求めてないのなら、やってみてもいいですよね？」

その方はなんだか驚いて、「えっ？　どういうこと？」と聞き返しました。

「だから、私、難しいなあといわれたら困るんです。そのままだと、コンプレックスがある人は、ずっと惨めで自己否定してしまうから困るんです。**お弁当の中身を見せてもまわりのセカイは変わらないかもしれない。それでも、隠しているよりも見せちゃったほうが、私は彼の生きる世界が変わると思う**んです」

その後、どんな話をしたかよく覚えていないけれど、早口で変なことをいいまくる私が気持ち悪かったのか、とにかくその人からは、「まあ、見せるだけならできるよね。難しくないいね」といってもらいました。

あのとき、なぜ、あんなにむきになって、あんなことをいったんだろう。

たぶん私は、梅干しだけのお弁当に似た「劣等感」を抱えている人たちに、「まあ、結果はどうであれ、ちょっと軽くやってみるだけだよ」と心からいえるようになりたかった。

そして、私が私自身に「まあ、やってみたら?」と、すらっと軽くいえるようになりたかった。

だから、その人に「難しくない」と、どうしてもいってもらう必要があった。

難しいっていった瞬間に、催眠術にかかったみたいに、動けなくなるから、その催眠を解除してもらう必要があった。

バカみたいだけど、私にとっては大事な確認だったんです。

過去は現在から変えられる

「過去と他人は変えられない」というウソ

「過去と他人は変えられないけど、自分と未来は変えることができる」

多くの人がそういっているし、私もそう学んで、そう思ってやってきました。でも、私は、これって、つくづく、生きにくい思い込みの刷り込みだと思っているんです。

ほんとうは、「**他人も過去も変えられる。自分も未来も変えられる**」です。

えっ、なんで？　過去って過去じゃん！　って思う人もいると思うし、過去って、確かにもうやり直しとかきかないので、変わらないというのは正論だと思います。

でも、私は過去を変えてきたんですよね。

ほんとうは、家にいない母、口もきかない父、外では明るいのにそんな生活が嫌でいつも自殺したがっていた姉、そして友だちもなく自分が嫌いな私。確かにあのとき、家族というものが存在しないばらばらの殺伐とした、冷たくて寂しい過去があったんです。

でも、営業をやって、陽転思考して、日々「よかった」ことばかりを探して、一生懸命に「幸せを探す」筋肉みたいなものを身につけていったら、過去が変わりました。

私、今、あの頃のことを思い出すとき、姉と笑ってカップラーメンすすっていたことか、父がおんぶをしてくれたこととか、母がお弁当をつくってくれたこととか、1回だけ見にきてくれた運動会のこととか、そんなふうに、過去からも「よかった」を探して思い出すようになったんです。

そうなると、父なりに愛してくれていたんだなって、いろいろな感謝が生まれて、あの「ざらっとした過去の世界」では大嫌いだった父が、今、大好きになったんです。私のあのときの過去は、「やわらかな過去の世界」になっているんです。

過去が変わったのです。

過去は脳の中で再構築される

これは、医学的にもいわれていることで、ノーベル賞を受賞した神経学者のジェラルド・モーリス・エデルマンもこういっていました。

「通常、記憶というのは、コンピューターメモリーのように、脳のどこかに固定的に貯蔵されているものと思いがちであるが、どうもそうではなく、過去を思い出すたびに再構築されているらしい」

いじめられたり、家庭環境が悪かったりして、辛い幼年期を過ごしてきた人たちが、「過去のせいで今も幸せじゃない」となってしまうのは、私、いやなんです。

その**過去の亡霊に取り付かれて、「オレって不幸だよな」って自分で自分に設定して「私が幸せになるはずがない」と自分で自分にいい聞かせていたら、すごく、楽しくて、いいことがあって幸せなときがあっても、「まさか、こんなの続くはずがない」といって自分でそれを無意識に崩壊させていく**のです。

不幸だと決めているから、幸せになってしまうと、自分の信じていることが間違っていることになるので、自分の考えを正当化するために、不幸でいようとする。

そんな生き方、はっきりいって、ちっとも「かわいそう」じゃない。

今の不幸を過去のせいにしたら、これからの未来も「不幸な人生」を生きることになって自暴自棄になる。それは自分を殺すということになる。

だから、私、いっているんです。

「そんな過去、変えてしまえ」って。

挫折や失敗も消してしまえ！

私には挫折も失敗もありません。インタビュー等で「挫折したことってありますか？」とよく聞かれますが、たいていの場合は「ありません」と答えています。

別に見栄を張ってそういっているわけではなくて、ほんとうにそう尋ねられた瞬間に、「ええと、挫折、挫折、挫折……」と思考の検索キーワードに「挫折」を入れて探すわけだけど、出てこないんです。

実は私は、前述のように、ここでもすっかり過去を改ざんしているのです。

過去に起こった「辛くてたまらなかったできごと」などを、最初に記憶のファイルに保存したときは、確かに、そのファイル名は「失敗・挫折」だったんですが、**陽転思考して次第に能天気になってくると、思い出すたびに、「あの事件のおかげで強くなれたなあ」と思うようになったわけで、そうなると、もう一度保存するときにファイル名を「私をでっかくしてくれた経験」に変更して保存している**のです。

だから、挫折のファイル、なくなったんですよね。いや、中身は同じだけど、いくら私の頭の中のファイルを探しても出てこないのです。

試しに、自分の使っているパソコンに保存してあるファイルを、何でもいいから開いてみて、もう1回保存するときに、ファイル名を変えてみてください。

たとえば、「2014年の写真」という名前の何の変哲もない画像ファイルを、「2014年の写真／(^o^)／」とするだけで、なんか、楽しかったことがたくさんあったような気持ちになります。

いや、実際にそのファイルを開けてみたら、辛くて苦しそうな顔ばかりかもしれないけれど、名前を変えると、「あはは、私、このとき、結構苦しんでいたわ〜」とおかしくなってきたりもするんです。そんなもんです。

それにね、パソコンのファイル名を変えるよりも、記憶を変えてしまうほうが、実は思考の中でやっているので、ずっと簡単なことなんです。

愛する人が奪われたとき……

ちょっと極端な例になってしまうけれど、たとえば、自分の親が殺されたとします。裁判の結果、犯人が死刑になりました。それであなたの心は癒されますか？

悔しさは晴れるかもしれない。けれど、癒されないのです。人の心って、憎い相手が死刑になるという結果で癒されるようなものじゃないからです。裁判で、その事件は「処理」されたかもしれません。

でも、心は癒されず、ずっとずっと苦しいままの状態が続きます。

私たち人間の心が癒される唯一の方法は、許して、学んで、受け入れることしかないんです。親を殺されて、その犯人を許すなんて無理なことに決まっているけれど、

「許せない。許せない」という憎しみを犯人に向けるのではなく、感謝の気持ちを、「ありがとう、ありがとう、今まで育ててくれて命をありがとう」と、亡くなった自分の両親に向けたほうが確実に心が癒されます。そうできたときにはじめて、事件はほんとうの意味で〝解決〟するのです。

奪われたものを奪い返すことで、人は救われません。どんなに理不尽で納得いかないことをいっているのかと思うだろうけれど、事実そうなんです。

私の母は医療ミスで死にました。処置ミスをしたインターンは、母が集中治療室にいて意識が戻らないときに、病院の駐車場で自分の車にスノーボードを積んでいました。母が死んだとき、霊安室で、主治医とそのインターンが遺体の前で土下座しましたが、私は、長いこと、ほんとうに長いこと、それが許せなくて苦しみました。

でも、わかったんです。**自分のために生きることとは、自分を苦しめないということです。だから、許せないことがあっても、その事実の中から、違うものを探すんです。**「ああ、お母さん、短い人生だったけれど、一緒にいてくれてありがとう」という感謝を目いっぱい感じて生きるしか、癒される道はないのです。

第六章

今日から変われ！
強くなれ！

「謙虚」を勘違いしたままでは一生幸せになれない

「謙虚」を言い訳にするな！

「私って、ドジだからすぐに迷子になっちゃうんですよ～」と笑顔でいわれても、「だからって、毎回遅刻するんじゃねーよ」といい返したくなる人がいます。

これ、謙虚でも謙遜でもなく、ただの言い訳ですよね。

「私、バカなんで」→「よく間違います」
「私、不器用なんで」→「うまくできません」
「私、感情表現が苦手なんで」→「人から理解されにくいです」

というように、自分のマイナス部分を相手に無理矢理押しつけて、「だから○○できないんです」という人は、むしろそんな自分の欠点を肯定し、愛しているので、まったく自分を改善する気もなく、「○○だから、仕方ないんです」と開き直っているわけです。

これは、自己啓発の源流とされる「アドラー心理学」でいうと、「人と関わりたくないという目的のために、感情表現ができない人になった」ということです（私も4年前にこの心理学に深い共感と感動を覚え、直接岸見一郎先生に学ばせていただきました）。

もっというと、「私はダメな人間なんです。だから、盗みが治りません」といっているのと同じ。盗みをしたいから、自分をダメな人間に設定してしまうということなんです。

だから、これを「謙遜している」とか、ましてや「私は謙虚」だとか勘違いしちゃいけない。**ほんとうに謙虚であれば、ほんとうに相手に申し訳ないと思い、先の遅刻のシーンだと、「すみません、私はとても方向音痴なので、これからは10分早く着くように心がけます」と、相手の迷惑にならないように行動を変えていく**はずです。

相手を敬う心があるか？　相手を立てる行動ができるか？　そして、自分を改善しようとする努力ができているか？

これらにすべて「YES」といえる人が謙虚な人であって、人に愛され、信頼され、それだからこそ評価され、成長を続けることができるのです。

ちなみに、**謙虚さは確かに大事ですが、でも、謙遜しすぎてはいけません。**

謙虚は「自分の能力・地位などにおごることなく、素直に相手の意見を受け入れること」であって、謙遜は「自分の能力や価値を低く評価すること」です。

ちょっと国語辞典の説明になってしまいましたけれど、とにかく、奢《おご》らずに素直になる。そして**自分を下げない**というのが大事です。

「謙虚」は背中に積み上げるもの

実は、私には、心から尊敬する整体の先生がいるんです。いつもわからないことがあると教えてもらうのですが、先日もこんなことを教えてもらいました。

「和田さん、人はね、自分の前に【物質的】なものを積み上げるんですよ。でね、自分の背中のほうに、【精神的】なものを積み上げていくわけです。だからね、【物質的】なお金とか目に見える権力みたいなものばかり積み上げている人たちは、自分の前が重くなるので、体が後ろに倒れているんです。ほらこんなふうに」

先生はそういって、お腹を突き出して身体を後ろにぐんと反らして見せてくれました。

「なんだか横柄でいばった感じですね」

「でも【精神的】なものを、要は謙虚と感謝を背中に積み上げている人は、自分の背中が重くなるので、自然に前に頭をたれる稲穂になっていくのです」

先生は、そういって、今度は前のめりに腰を折って頭を下げて見せてくれました。

「なるほど――」

いろいろな人の体と向き合っている先生は、その人の「心の姿勢」も手に取るようにわかるそうです。そして先生は、人が体の前に積み上げたものを見ない。背中に積み上げているものでその人を見極めるのだというのです。

偉い人たちだけにへこへこしている人たちは、世の中にたくさんいますが、おおよそ、謙虚ではなく、人によって態度を変えているだけの計算高い人です。そして、そういう人は遅かれ早かれ孤独になります。周囲に人がいても「利害関係」があるので、ずっと心はさみしいままで、確実に孤独なんです。

人間はそれぞれ完璧ではないし、嘘はつくし、ときどき逃げたりするし、とにかくずるい生き物かもしれないけれど、感謝と謙虚を背中に積み上げることとさえ忘れなければ、必ず人に愛されて幸せな人生を送れます。

たとえそれが、〝へたくそな生き方〟であっても、それは一時的なマイナスです。背中に積み上げてきたものは、後光のようにその人を照らして輝くので、ぜったいに、ぜったいに、人から敬われ、孤独になることなど一生ないのです。

「私は私」で生きるんだ！　って堂々といえるために、どんな人にも「ありがとう」と心からいえて、その人が、今、何も持っていなくても、心から尊重でき、謙虚でいられるってことが不可欠なんです。

「私」を心から誇れるために、「実るほど頭をたれる稲穂かな」をけっして、けっして忘れてはいけないのです。

「自尊心バブル」がはじけたらどうなる？

自分に自信がなくて、あんなにあかんたれだった私でも、営業で成功してだんだん自信がついていきました。それで、20代で何千万も収入があったときは、周囲にちやほやされすぎて、「自信がついた」レベルを通り越して驕《おご》っていた。けれど、その当時は、誰よりも仕事をしているという自負があったし、まさか自分が驕っているなんて思いもしませんでした。

「あなたは、1万人にひとりの逸材です」とかいわれて、「ああ、私って天才だったのだ」と思い上がっているわけですから、自分が偉くて偉くてすばらしいわけです。

もちろん、自信のなかった私が「私ってすばらしい」と思えること自体は、自尊心が上がって、自己評価が高くなっていることなのでとてもいいことなんです。

いけないのは、自尊心が膨らみ過ぎて、「私だけがすごい」とあまりに自分を特別に思うことで、人の意見に素直になれなくなってしまうこと。膨らんだ自尊心はみごとに割れて、ここで「謙虚さ」がなくなってしまうのです。

要は、【自尊心－（感謝＋謙虚さ）＝驕り】という計算式。「自尊心バブル」が起こって謙虚さがなくなれば、心が磨けなくなりますから、次第に雲行きが悪くなる。

どこまで悪くなるかわからないけれど、とにかく、人の意見を素直に聞けるようになるまで、心の崩壊は続きます。

そして**自信というものがなくなって、ようやく人に対して素直になれてから、いろんなことや人に感謝できて上向きになってくる**わけです。

陽転思考でいうと、底まで落ちて「よかった」探しをして、家族があってよかったとか、命があってよかったとか、自分がそのとき持っているものに目を向けて、感謝できたときに、底から浮上できるということです。

感謝と謙虚さを忘れてしまうと、「心を磨くこと」を背中に積み上げなくなるので、次第に大事なものや人が離れていくんです。

もちろん、こういう場合、お金とか人脈という〝えさ〟で人を引き止める人もいますが、それでは薄っぺらい関係しか残りません。だから、驕っていても幸せそうで、けっしてそうは見えない人でも、死ぬとき、孤独になっていたりします。そういう意味では、世の中って、けっして理不尽ではないのです。

「謙虚さ」って人を不自由にする

「僕ね、今までなんでも頼まれたら、『はい、はい』っていっていたんですけど、和田さんに『いい人でいたらダメだよ』っていわれてから、行動が変わったんですよ」

「わあ、おめでとう！　どんなふうに？」

「パソコンの使い方教えてっていわれたんですが、『自分で覚えることがいちばんいいのです。まずは自分でここからやってみてください』って」

「おおお～～」

「いってみてわかりました。**僕は今まで、ちっとも優しくなかったんだって。相手にとって便利なだけで、どんどん相手をできない人にしてた**」

「〝やさしい〟という言葉の定義が変わったんだ！　やってあげるやさしさから突き放すやさしさへ」

「最初は、〝ぎょっ〟って顔されましたけど、後になって『自分でやってみてできるようになるとすごく面白いね』っていってもらえました」

「ほんとうの**〝やさしさ〟とはこういうもの。〝わがまま〟とはこういうもの。〝謙虚**

さ〟とはこういうもの……そんな、それぞれの言葉の一般的な解釈が行動を邪魔しているの。なんか、ほんとに悪魔に騙されているんじゃないかって思う」

「悪魔!?」

「いや、だって、謙虚って美しい言葉じゃない。謙虚ってすばらしいじゃない。でも、『謙虚でいよう』となると、その定義がどこか『遠慮しよう』になってしまう。意見をいわないとか、欲しいといわないとか、人に譲るとか、そんなことが美しくなる。でも、それって隣の国の人がきて、『この島、もらっていい?』『どうぞ、どうぞ』っていったり、『謙虚にサッカーしよう!』とかいってボールを相手に譲ったりするようなもの。それっておかしいもん。ああ、騙されている〜」

「でも、島までは大げさ……」

「あはは。いや、たしかに、島とかサッカーは大げさかもしれないけれど、『謙虚でいなさい』という言葉、受け取り方を間違うと、おかしくなるってことで……」

「でも僕も、たしかに、謙虚の反対はわがままみたいに思っていたけれど、自分があって、意見も持っていて、相手を尊重していくっていうのが、ほんとうの謙虚さみたいなものかもしれないですね。そうか、遠慮しないでボール、蹴っていこう!」

「人生の、サッカー!!」

「和田さん、パスくださいね」

「いやだ」

「な、なんで!!」

「突き放す、やさしさ」

「じゃ、パスをしたくなるような選手になります」

「それそれ!」


「謙虚」はとても大事だけど、「遠慮」とは違うものなのです。

心を裸にしてみる

「謙虚」を、自分が至らない言い訳にしているという話をしましたが、逆にほんとはやりたくもない「自分だけのこだわり」のせいにして、自分の劣等感をカモフラージュしてしまうケースもあります。

先日、こんな相談を受けました。

相談相手の女性は30歳になったばかりで、片方だけ刈り上げたショートカットは青いメッシュ入り、太いアイライン、ちょっとコムデギャルソン風の黒っぽい服。

個性的だけど一般受けはしないスタイルを貫いていて、そして片想いに苦しんでいました。


「和田さん、私は自分の思う服とか髪型をしたいんです。でも、私が好きな人はかわいい系女子が好きなんです。だから、恋愛対象に見てくれないんですよ」

「ああ、すごいわかる、それ」

「それどころか、髪の毛に青い色を入れないほうがいいんじゃないかとか、メイクが濃過ぎるとか、いろいろといわれます。このままの私を好きになってもらうのってできないんですか?」

「う〜ん、それはもう、そのままのあなたのまま、告白するしかないよ」

「いや、過去に1回したんです。でも、無理だっていわれました」

「そんなに好きなら、彼のアドバイスに従って　髪の色と変えてみたらいいじゃん」

「私、そんなの嫌なんです。迎合したくないんですよ」

「う〜ん。じゃ彼はあきらめて、そんな格好の好きな人を彼にするしかない。そうだ！　サブカル好きなフランス人ならいけるかも」

「いや、彼が好きなんです」

「だったら、好きになってもらう努力をすればいいじゃない。相手の好みに合わせることを迎合とかいうけど、恋愛って勝ち負けじゃないよ。何を着ていても自分、それを脱いで裸でも自分、損なわれるものはない。それでいいじゃん」

「でも……」

「とにかく、相手が好きなら、彼のいうような格好して会いにいって、確かめて来い！　勇気かなりいるだろうけど、それをしてみたら、ぜったいにうまくいくから！」

「ほんとうですか？」

「はい。まじ、**さらけ出していくからこそ、何かが変わる**のだ！」

彼女はじっと私の顔を見て、「そ、そんなにいうんならやってみますよ」と半ばやけになって私にいったのでした。

さて、その後、彼女は、ふつうの女子が着るような、ＺＯＺＯとかで売っているカットソーにスカートをはいて、私のところにやってきました。


「おお～こっちのほうがぜんぜんいいね」

「和田さん。嘘つきましたね。努力したけど振られました～～」

「えーっ、でもすごい！　その格好で会いにいったんだ」

「他に好きな人がいるって……」

「うん。それは仕方ないね。だけど、おめでとう」

「なんで、おめでとうなんですか？」

「だって、すごい勇気を出して自分を変えて、新しい決断をして、新しい服を着て、行動できたから」

「でも、服を変えてもダメだったんですよ」

「それがわかったことが大事なの。失恋の原因は服装じゃないという現実を知ることが。ただ、服装のせいにしておけば……」

「はい、私は臆病だったんですね。振られる理由が服装であって欲しかったから、あの服を着ていたかったんですね」

「そうです。そのほうが傷つかないから。他の欠点を凝視しないですむから」

「黒い服に身を包んで、いろいろなことを隠していたのかな。私、モテたことないんですけど、これでいけますかね?」

「うん、さらけ出すとね、必ず、ほんとうに必ず、よくなる、今度こそ!」

「あ、ありがとうございます!」

彼女には、その後すぐに新しい恋人ができました。それは、**服装を変えたからではなく、心を裸にしたから**なのです。

「失敗」を前提とした生き方は、ほんとうに「失敗」を招く

ほんとうに心配しないといけないことはたったの8％

私たちは、ついつい、いろいろな〝心配〟をしてしまいます。でもそれってほんとうに頭を悩ます必要があることなんでしょうか。

仕事でまた失敗してしまったらどうしよう。会社がつぶれて職を失ったらどうしよう。このまま結婚できず一生ひとりぼっちだったらどうしよう。信じているのに騙されたらどうしよう。お父さんが大きな病気になったらどうしよう。老後に極貧状態になったら、どうしよう。そして、地震がきたらどうしよう。

ああ心配だ、ああ困るなど、きりがないほど、心配しているわけです。

他にも考えたいこともあるのに頭も忙しいですよね。心配していることに、その多くを使わないといけないのです。

しかし、それらの心配、ほんとうに起こる確率ってどれくらいなんですか？

心配を分析すると、

▼実際に起こらない問題への心配……40％
▼昔、実際に起こったこと（今さら考えても仕方ないこと）……30％
▼他人のことを心配するために自分が思い悩むこと……12％
▼病気・ささいな現実面……10％
▼ほんとうに心配しないといけない問題……8％

だそうです。

そう、ほんとうに心配しなきゃいけないのはたったの8％と、消費税分くらい。
他の80％くらいは、あまり起こらないとか、考えても仕方ないことばかりです。
だから、**心配ばかりしている人は、あまりにも生産性の低いことで自分の脳を使っ**

ているということになります。

そこに美味しそうなリンゴが落ちているのに、これ、毒が入っているんじゃないの？　と心配して、食べられない状態になって餓死してしまう人のパターンです。なんにも行動できないまま、ずっと心配だけして、人生が終わってしまいますよ。もったいないですよね。そんな心配したり、疑ったりしないで食べたら生きられるのにね。

バニラ王国の失敗

そこで寓話をひとつ……。

不況になったりすると、みんな保守的になっていきます。売り上げが伸びないと、やたらと経費削減とか、いろいろなコストカットをしていくわけですよね。

バニラ王国では、アイスクリームがとても売れて、経済が回ってみんな潤っていました。しかし、他国もどんどんおいしいアイスクリームをつくるようになり、次第にバニラ王国のアイスクリームは売れなくなり、とうとう、国の財政が苦しくなってきました。

バニラ王国の王は、「ああ、最近、うちのアイスクリームが売れない。売り上げが激減で、このままいくとみんなが貧しくなってしまう。諸君、アイデアを出してくれ」とみなに頼みました。

「じゃ、使用している卵と牛乳をもっと安いものにしましょう」と、痩せて背の高い男がいいました。

「それで売れるのか？」と王。

「いえ、売れなかった場合に、高い材料費のものより安いもののほうが、リスクを回避できます」と彼は自信満々に答えました。

「では、そうしよう、他には？」

「はい、私はアイスのカップの紙をもっと安いものにしたらいいと思います」と、太って背の小さい男がいいます。

「それで売れるのか？」と王。

「いえ、売れなかった場合に、カップが残っても材料費が安いので、無駄が少なくなります」と彼は自信満々に答えました。

「では、そうしよう。他には？」

今度は眼鏡をかけた、賢そうな顔をした中肉中背の男がいいました。

「とにかく過去のデータを見て、昔、売れたものをつくるのです。私のデータ分析によりますと、隣国のダイヤ王国では、数年前に、みたらし団子アイスがヒットしました。そのヒットの理由は、そのパッケージに女子高生の萌え系イラストを使ったからだと思われます」

「それが理由でほんとうに売れたのか？」

「データによるとそういう結果になっております。また、9割という名前とか象をイメージに使うと売れるというデータがあります！」

「女子高生に、象が9割？　それで売れるのかね？　そもそも、あとの1割はどうなっているんだ？」

「いえ、あとの1割を気にする人はいません。消費者はどうやら100％は求めないようです。それに、象は過去に売れたので、カバを使うより、象のほうがリスクが低いということです」とその男も自信満々に答えました。

王は深くうなずいていいました。

「なるほど、諸君ありがとう。では、卵とミルクの質を落とし、アイスのカップを薄い紙にし、パッケージは女子高生が象に乗って、重さを1割減らしたものにしよう」

会場が一致団結して、「無難、無難、無難、無難」といいあいました。


かくして、できあがった『もしも女子高生の見かけが9割象だったなら夢が叶う』というアイスはまったく売れませんでした。

でも、困った王に、男たちは喜んでいいました。

「ほら、いった通りじゃないですか。コストを削減したし、販売数も少なくしたので返品数が少ないです。損害は最小に抑えられました。よかったですね」

そして、ますます貧乏になったバニラ王国は、隣の大きな国に助力を請い、結局、合併されてしまいました。

「失敗」を前提にした計画が、成功するワケがない

これは寓話ですが、同じようにばかばかしいことが現実に起きています。

私は、これまでいろいろな出版編集の方とお会いしてきましたが、ものすごく弱気な方がときどきいらっしゃいます。確かに本は昔ほど売れてないし、出版不況といわれて、潰れてしまう会社も少なくありません。私もそんな方々から話を聞いていると、「売れなかったら困るので、損のないようにしたい」という思いがひたひたと伝わってきます。

不況とは、消極的になるということです。だから、斬新なものが生まれにくくなります。こんなことをいうと、「お前の本の内容がつまらんからだろ」といわれるかもしれないけれど（とほほ）。

でも、売れなかったら……つまりは**「失敗しないように」動くのは失敗をしにいくようなもの**で、売るためには「売ろう」しかないんです。

会社の方針も、業界の事情もあるし、仕方のないことは山のようにあるのだと思う

けれど、その担当とその営業の個人個人の思いは自由です。そして、「返品がありませんように」と消極的になるのではなく、「売るぞ、売るぞ」と前のめりになっている編集や営業さんは、やっぱり売るんです。

そういう意味では、不況だけど、不況って何？　という顔をしている人と仕事がしたいものです。周囲に影響されず、**私は、自分がいいと思ったものをつくります！といえる人は、すべてヒットを出すわけでもないけれど、いい仕事をするし、ヒットも多いん**です（前述した『もしも女子高生の見かけが9割象だったなら夢が叶う』は、逆に斬新で売れるかもしれませんけど）。

自分のことを棚に上げて、偉そうなことをいいましたが、実は私も、すごく消極的な動きをしてしまうことがあるんです。なんか、闇の帝王に魔法をかけられたみたいに、「なんでこんなに自分で行きたくない方向にハンドルを切ってるんだろう？」ってことがあるんです。

たとえば、本をほんとうに一生懸命に書いて、でもそんなに売れなかったなというとき、編集担当の人にすごく申し訳なかったなとか、私に能力ないんだとか、けっこう自己否定が入っちゃったりするわけです。そして、「あの書き方がいけなかった」「あの装丁が変だった」「あのタイトルがダサかった」「タイミングが悪かった」などとダメなとこばかり探してしまいます。

でも、こんなふうに、ダメなことや、悪いことばかり探してしまうことって、わりと誰にでもあると思うのです。わざわざ悪魔の扉を開けて、中をのぞき、暗い穴を見て落ちそうだなとか、お先真っ暗だなとか思ってしまう……。その先に真っ暗な世界しかないマンホールの蓋をわざわざ開けているのです。

私たち、世の中に期待したい。未来にも期待したい。けど、その期待を裏切られるのは怖い。だから期待より、不安を選ぶ。

でも、そこにあるのは、【不安×行動＝手に入らない】【期待×行動＝手に入る】という「原因と結果の法則」です。

お金が一向にたまらないのも、なかなか恋人ができないのも、たまらない原因と、できない原因を探しているから、**ほんとうは欲しいくせに、手に入らないから、それを持っている人を否定して、「別にいらない」と心がよじれて、こじらせてしまって、「期待のない世界」で、幸せになろうとするん**です。

そして、「好かれる行動じゃなくて嫌われない行動をする」「成功する行動じゃなくて失敗しない行動をする」「私が傷ついたから、相手も傷つける」という行動に出てしまいます。

でも、それって「ウラハラ街道を歩く」ってことに他ならないことを肝に銘じておいてください。

今をほんとうに楽しむことを知る

楽しく笑って夢中で、がむしゃらに

私は営業をやりたくて営業の世界に入ったわけではありません。本が書きたくて作家になったわけでもありません。とにかく必死で生きていたら、そういうことになっていたという感じです。だから、「私にはこれができる」というような確信や自信など、最初はまったくなかったのです。

確かに私は人よりもたくさん働いたし、休みもなくやってきたし、これまでの人生で、とにかく自分の時間をそれだけに没頭して、投資して、がむしゃらにやってきたと思います。

けれど、「どうなりたい」も、「こうありたい」も、なにも見えていない手探り状態だったわけで、「がんばった」というよりも、流されて、流されて、流されて、今という場所にたどり着いたという感じです。


人それぞれで、すでに「こうなりたい」と明確な目標がある人もいるだろうけど、ああ、私、このままでいいのだろうか？　と焦っても何も見えてこないんです。

だから、とくに**何をしたいかとかがわからないときは、1回は今の人生に流されてみて、どっかの島にたどり着いたら、そこでじっくり考えてみるのもあり**なんだと思います。


「私」という存在がくっきりとした輪郭をつくって、「私ってこうなんだ」という明確なものになっていくまで時間がかかっても、わからないままでもいいんだ、と思うのです。

ただ、大事なことは、流されているときも、それを楽しもうとすることです。

景色を見て、釣りをして、太陽を浴びて、嵐を乗り越えて、人と会話して、子どもを育てて、温かい感動をたくさん持つことです。流されている途中に嵐が来たら、必死でオールを漕いで踏んばって、生きようとすることです。

どこかにたどり着くまでに、どこに行くかわからないことにわくわくしていること。そういう**「生々しい」経験があるからこそ、ほんとうの意味での〝私〟が完成する**のだと思います。

地図を持たない旅もあるんです。でも、持ってないからこそ、自分のイマジネーションを超えたところにたどり着くこともあるってことです。

実は、私まだ、地図を持ってないですもん。

これからどうなるかわからないけれど、すごい人と比べたら、けっこうダサいかもしれないけれど、私は、ぜったい100%、幸せです。これからも——。

苦しいって、ほんとは楽しいことなんだ!

私ね、たった今、本の執筆をしています。

何ヵ月もかけて、打ち合わせをしてきて、下書きもできていたのに、気持ちがころっと変わって（これも流されたっていうことです）、最初からすべて、違うことを書きたくなりました。

一から、やりなおし。白紙に戻してやりなおし。最初に作成した目次さえ、無視して書いているので、時間かかるし、もうどこにいくかわからない。

だから今、ちょっと必死です。

前の原稿だって悪くなかったし、そのままでもよかったにも関わらず、なんで、こんなしんどいことを自ら選んでやってしまうのか。自分でも不可解ですが、もう止められません。

私のことをよく知っている人とか、今まで本を読んでくださっていた方は、たぶん「あはは、和田さんらしい」っていうと思うんです。たぶん、その「らしさ」っていうのが私自身なんですよね。

今日もぼさぼさの髪の毛で、分厚い眼鏡をかけて、〝誰にも会いたくない格好〟で書いています。肩こりが尋常じゃなく、座っていても、なんか痛いです。ご飯を食べるときもお風呂に入っているときも、次に書くことを考えています。それに途中で、人前で話す仕事など、いろいろ入ってきて、思うように進まないので、あうあうとなっています。締め切りは目前で、正直とっても苦しいです。

でも、よくよく考えてみると、誰かと会っているよりも、おいしいものを食べているよりも、今、心が楽しんでいます。

その先に達成感があるから？　いや、たしかにそれもあるだろうけど、私、こうやって、**そのことに夢中になっている自分が好き**なんです。

夢中になれることだったら、単純にいっておもしろい。だから、苦しみは、楽しいという変な感じになるのです。

「がんばらなくていいよ」と「がんばりましょう!」、どっちが正解?

あなたは、「がんばらなくていいよ」っていわれたい? 「がんばりましょう!」っていわれたい?

「がんばらなくてもいいよ」っていってくれる人もいます。「がんばりましょう!」って、いってくれる人もいます。

同じタイミングで、2人の人に、こうも違うことをいわれたら、「えええ~どうしたらいいの?」ってなってしまいます。

それに、この真逆な言葉、どっちが正解なのかってことですが、これ、どっちもありです。

「がんばらなくてもいい」というのは、その「がんばり」の前提に、「失敗したくないから」という不安や、「なんとしても、なんとしても」と焦り……そんな「今のままではとうてい無理」という自信のなさから生まれる「がんばんなくちゃダメだ」というものがあるときです。

そういう人には、私だって、「がんばらなくてもいいよ、あなたは自然体でもっとわくわくして、楽しんだほうがいい」といってあげたい。

怖いからがんばるっていうのは、やっぱり、うまくいかないのだから……。

また、鬱の人に「がんばってね」といってはいけないのも、これに似た感じで、今、怖くて、自信なくて、自己否定して真っ暗な状況なのに、そこで「がんばれ～、君にもできる！　立て～」というのは厳しいわけです。いわれればいわれるほどに「そんなの無理」という思いが生まれるからです。

恐怖から「がんばる」と、力が入りすぎて、固くなって、それで、折れやすくなります。だから、そこでの「がんばらなくていい」は、「おいおい、そんな必死な形相でがんばらなくてもいいよ。君は戦争に行くんじゃないんだよ。君はわくわくした楽しい場所に向かっているんだよ」と伝えるための言葉なのです。

じゃ、「がんばりましょう」って？　それは、〝人生ここいちばん〟っていうときです。

たとえば出産のとき、ぜったいに産むでしょう？　そんなとき、周囲は「がんばって！」というわけです。もう先が見えているから。その先に新しい命が生まれるから。

もちろん、出産というのは比喩ですが、仕事でもなんでも「産む」とか「育てる」があります。そんなときは、ぜったいにやる！　という前のめりな感じでがんばるべきなのは当然です。わくわくして、その**「産みの苦しみ」を楽しんで、がんばって、がんばって、がんばればいいんです。そんなとき、自分の殻を破って大きくなれます。**

私もちょっと自信のないときなんかは、無理にがんばらないで、「まあ、やってもいいかも」という程度で　力まずやったほうが、よい結果になることもあります。

ちょっとこれには自信があるとか、もうぜったいにこれは外せない！　というときとかは、必死で「何がなんでも」になってがんばります。

どっちの自分がいてもいいのです。

「がんばらないときも自分」、「がんばっているときも自分」なんですよ。

挑戦することに誇りを持つ

なかなか結果の出ない夢を追いかけている人に、周囲は「芽の出ないかわいそうな人」というレッテルを貼りたがります。仕事で失敗して借金を抱えた人を、「挑戦に負けた人」と決めつけます。

けれど、誰かに「君のここがいけなかったんだ」と大上段に構えられても、**世間が定めた基準の「成功そのもの」を今は手に入れてなかったとしても、一生懸命にやってきたのなら、歩んできたその人生に誇りを持って欲しい**と思います。

少なくとも、その人は地べたを這って生きるという、なんか生々しい体験ができてよかったんです。

たとえ、多くの取り巻きたちが離れていったとしても、ほんとうに心配して助けてくれる人たちから、想像できないくらいの温かいものをもらえてよかったんです。

だから強くなれて、ほんとうに大事な人が誰かわかって、得したことがたくさんあって、それはそれでよかったんです。

自分の今までやってきたことや、歩いてきた道を否定してしまうと、そこで同時に「自分は無能だ」と自分で自分を設定してしまうことになります。確かに、「あんた何やってんの？　ばかみたいに無駄なことして」って思われるようなことをしでかしたのですから、自分を否定したくもなります。

でも、**1度や2度の挫折くらいで自分に「無能」設定しちゃダメ**なんです。

なぜなら、これから先、何をするにしても「無能な自分」がやるわけですよ。そんなので結果が出るはずないじゃないですか？　だって、無能なんですもん。

それどころか、自分で自分に無能のレッテルを貼った人にとっては、結果が出ないほうがいいんです。「ほら、やっぱり『無能』でしょ」って、自分の思っていることを証明できますしね。

無能な車は走りません。無能なエアコンは涼しくなりません。無能な人間は？　何もできません。

だから、その**旅の途中で、今どこにたどり着いたかよりも、どのように歩いてきた**

かのほうがずっと大事なんです。今までの自分をまずは認めてしまうことです！　他でもない。何をどのように求めて、どのように歩いてきたかを知っているのは自分だけなのですから。

こんな詩があります。

このかなしみを
よしとうべなうとき
そこにたちまちひかりがうまれる
ぜつぼうとすくひの
はかないまでのかすかなひとすぢ

これは、若くして結核でなくなった、八木重吉さんの書かれた詩です。実はこの詩、『生徒諸君！（教師編）』（庄司陽子著・講談社刊）という漫画のワンシーンで、ナッキーという主人公の教師が、これから旅立つ生徒に向けて、教えているのです。

《「肯《うべな》う」とは、つまりは肯定するということです。この、悲しみを「よし」と肯定する。逃げちゃいけない。どんな悲しみも苦しみも、自分の身体と心で受け入れる。そうしたら必ずそこに、かすかだけど、救われる光が見える。あきらめず、その手で自分の人生を受け止めてください。生きてください！》と――。

そのままナッキーの言葉を使わせてもらいましたが、**マイナスを否定せずに、肯定すると、必ずかすかな光が見える**ってことです。すごく大事なことですよね。**いろいろあっても、その事実を「よかったんだ」と肯定して、自分自身を「こんなんでいいじゃん」と肯定して、周囲のことを「まあ、いいか」と肯定することからすべてがはじまる**わけなんです。

悲しみとか痛みを肯定するんですから、「これ、すごい」とかいう評価じゃないですよ。「これ、仕方ない」という許しじゃないですよ。「まあ、いいよね」と、その事実を認めてあげるってことです。

メダルが取れない人生のほうが楽しい!?

ソチオリンピックで、スキージャンプの葛西紀明選手が、最年長の41歳でメダルを手にしました。

彼がそのメダルを獲得する直前のインタビューで、「どうして、周囲が引退をしていく中で続けることができたのですか?」と聞かれたとき、「メダルを取れていないからです」といいました。

それ、テレビで聞いたとき、「ああ、そうか。**なかなか達成できないことって、なんだか〝惨め〟なことのようだけど、実は隠れたところにすごい〝宝〟が隠れている**んだな」と思ったんです。

だって、メダルを取れなくてやめていく人もいる、取れないから続ける人もいる。もしくは、メダルがすぐに取れて、引退する人もいれば、取れないからこそ、続ける人もいる。

人生ってわからないものです。どこまでがんばったらいいのかわからない。どのように続けたらいいのかわからない。やったところで上手くいくかどうかもわからない。

そして、続けることが正しいのかどうかもわからない。

それでも、**「これだ！」という目標があるのなら、やり続けたほうがいいんです。たぶんそれは、あるかないかわからない宝物を探しに行く冒険のようなもの。けれど、それを求めて動くことに、生きている意味があるんです。**

うまくいかないことがあるのは、その先で想像以上にうまくいくことが待っているからです。どこかに旅に出ても、その道中があるでしょう？ 道が混んでいたり、天候が悪くて足止めをくらったり、それでも「行く」と決めて進んでいたら、時間がかかってもたどり着けるものでしょう。

でも、人ってこのタイムラグを待てないんだよな。「もう、いいや」って、来た道を引き返してしまうんだよな。それ、すごくもったいないから。まだ旅の途中だから、とりあえず、進み続けるべきなのです。

で、葛西選手はメダルを取っても、まだこの冒険をやめないそうです。たぶん、ずっと冒険をするんです。

こういう生き方、楽しいですよね。私は好きです。そうありたいです。

私は私、何も持っていなくても私は私

以下は私が、12年間続けた会社の名前を変更したときに、取引先などに出したご挨拶文です。私の覚悟、私が私で生きようとする思いがつまっていますので、みなさんと共有させてください。

ご挨拶が遅くなってしまいましたが、4月2日に「株式会社ペリエ」という社名から「和田裕美事務所株式会社」という社名に変更いたしました。
そうはいっても、私自身も、主にやっていることも、そう大きくは変わっておりませんので、どうか今までどおりおつきあいくださいませ。

と、〝今までどおり変わっていない〟のに、なぜ社名を変えたのか？　ということなのですが、12年間で染み付いた社風や習慣を一掃して、原点に戻って、新しいスタートを切りたいと思ったのです。
まあ、「村上春樹は村上春樹事務所だね」と聞いたときに真似しよう！　と単純

に思ったこともあるんですけれど（笑）。

実のところ、「株式会社ペリエ」をスタートさせたとき、会社を大きくしたいとは思っていませんでした。それは、私が自分自身のことを（ちょっとおこがましいけれど）表現者であり、できるだけたくさんの人を元気にさせるのが、天命だと思っていたからです。

けれども、何度も「社員は何人ですか？」と聞かれ、少ない社員数を答えたときに「なんだ。そんな小さい会社なのか」とちょっと見下したような態度をする人がいるのが、どうも悔しくて、一時期、本来の目的を忘れて、社員を増やして会社を大きくしようと、試みたこともあったのです。

まあ、やっぱり、私にはそんなこと向いていなくて、その当時は、すごくしんどかったです。

そこで、スタートして12年、干支が一周まわったのをきっかけに、ここで原点に戻って、開き直って誰かと競うことをやめて、私は私で、自由に、もっと自分に素直になって、私にとっての「最高の人生」を生きようと、改めて決めたのです。

そのような、勝手な私のわがままにより、社名を変更したわけです。

やってみて、登記を変えたり、銀行名義を変えたり、印鑑を変えたり、ウェブを変えたり、名刺を変えたりと、変えるって、お金がかかるんだなあ……と現実に直面し、最初は胃痛がしましたが、社名を変えて、わくわくすることが増えたり、すべてが、大きく楽しい方向に変わってきています。

ほんとうは名前を変えたからではなく、私が、決意したから、変わっただけなのですが、**今、とても楽しい**です。

「新しい私」が新しいステージで動き始めました。

どうか今後ともよろしくお願いします。

平成26年5月吉日　和田裕美

私は大きなものを捨てました。

真っ白になってシンプルになったら、「この人がいないとダメなんだ」とか、「これがないとやっていけない」と信じていたことが、まったくの思い込みで、なくても大丈夫だってことがわかりました。

ほんとうは欲しくないのに持ってないと不安だったものを、一気にざっくりと捨ててみたら、私は私らしくなって、そして自由になって生きている実感がわいてきたのです。

私はやや荒っぽくとことん捨てて、「気が済む」までやってみたら、どうやらこれが「気が澄む」ということだと気づきました。

なるほど、人生ってこんなにシンプルなんだと体をもって体感したのです。

どうか、『私』を取り戻したいなら、とにかく「気が済む」までやって気を澄ませてみてください。勇気が必要なのは最初だけです。

そこを越えると、次にね、「どうにかなるわ」という思いがやってくるんです。

で「どうにか」どころか「すごいこと」になってしまう。

私は私、なにも持っていなくても私は私だったんです。

おわりに（後日談）

さて、もしかしたら気にしている人がいるかもしれないので（気にするどころか忘れている人もいるだろうけど）、やっぱり最後に報告をしておきます。

その後の白キューピーがどうなったのかってこと。

彼はその後、会社に意見をいえるようになり、ちょっと派手な服を着るようになり、大勢の前でも発言をするようになり、そしてなんと、例の旅行後のコミット通りにほんとうにダイエットして7キロも痩せました。

そう、この半年間、この本をつくりながら、一緒に（読者のような気持ちになって）学び、とうとう進化をしたわけなのです!!

じゃあ彼が、白から黒に変わったのかって？

いいえ、結局、彼は黒キューピーにはなれませんでした。

だって彼は、私が新幹線で大事なゲラをなくしたというと、一ミリたりとも「え～～っ」という反応をせず、頼んでもいないのに、それを聞いた5分後に新しいゲラをバイク便で送ってくれたり、私が何十回も「これは嫌だ」といって、装丁のデザインをはねかえしても、「では、変えましょう」と、ほんとうにこっちが、拍子抜けするくらいに、嫌な顔ひとつせず、ずっとニコニコして「わかりました！」「わかりました！」って、どんなボールもニコニコと笑顔で受けてくれて、ずっと変わらず「いい人」のままだったのです。

そう、彼は「いい人」の要素を残したままで、いじけた謙虚さを捨てて、自分を出すようになったわけで、それってもはや白でも黒でもなく、皇帝ペンギンみたいなコントラストのある、ミックス系のハイブリットキューピーになったってこと。

うん、これでいいのです。

その思いに自由に生きているなら、自分をないがしろにしていないのなら、誰かのために動くことが、とても幸せだと思えるなら、結局、いい人はいい人のままでいい。それが「いい人」の心地よい「私は私」という立ち位置なのだから。

どうか、あなたのまわりにいる白キューピーさんたちにも、ここにあることを共有してあげてください。

そして、周囲の人たちみんなで、一緒に自由で幸せになってください。

〝人間関係がうまくいく〟ということは、周囲の人と一緒に笑うことなのだから。

日本中の「いい人」にこの本を捧げます。

和田裕美

スペシャルサンクス

この本を作ってくださった、白キューピーこと編集担当の若月さん、黒キューピーこと出版プロデューサーの鬼塚さん、デザイナーの矢部さん、イラストレーターの石川さん、取材を手伝ってくださった前嶋さん……。
わがままばかりの私の思いを形にしてくださって、ほんとうに感謝いたします。

左から、ハイブリッド化する前の白キューピー（若月さん）、私、打ち合わせのときよく寝る黒キューピー（鬼塚さん）。

それからこの本には、アドラー心理学について教えてくださった岸見一郎先生、「なくても大丈夫」の真意を教えてくださった心屋仁之助さん、謙虚さなどの新しい発想をくださった整体師の吉村英樹先生、また本田晃一さん、笹川祐子さん、橋本陽輔さん、近藤雅信さん、渡辺陽一さんをはじめ、たくさんの人たちから学ばせていただいたエッセンスが染み込んでいます。

本当にありがとうございました！

〔著者紹介〕
和田　裕美（わだ　ひろみ）
作家・営業コンサルタント。外資系教育会社での営業時代、プレゼンしたお客様の98％から契約をもらうという「ファン作り」営業スタイルを構築し、日本でトップ、世界142カ国中２位の成績を収めた女性営業のカリスマにして先駆者。短期間に昇進を重ね、女性初、最年少で２万人に１人しかたどりつけないと言われる支社長となる。その後独立し、執筆活動の他、営業・コミュニケーション・モチベーションアップのための講演、セミナーを国内外で展開。雑誌、テレビ、ラジオなどでのメデイア紹介多数。女性ビジネス本の先駆けとなり、多くの人の啓発活動を中心に活躍中。『奉仕するリーダーになりなさい　世界ナンバー２セールスウーマンの奮闘』（角川 one テーマ21）、『世界 No.2 セールスウーマンの「売れる営業」に変わる本』（ダイヤモンド社）、『和田裕美の人に好かれる話し方』（大和書房）、『人生を好転させる「新・陽転思考」』『いいことだけが「今」から起きるももいろ波長の身につけ方』（共にポプラ社）など、著書多数。

著者エージェント：アップルシード・エージェンシー

「私は私」で人間関係はうまくいく　（検印省略）

2014年９月26日　第１刷発行

著　者　和田　裕美（わだ　ひろみ）
発行者　川金　正法

発行所　株式会社KADOKAWA
〒102-8177　東京都千代田区富士見2-13-3
03-5216-8506（営業）
http://www.kadokawa.co.jp
編　集　中経出版
〒102-0071　東京都千代田区富士見1-8-19
03-3262-2124（編集）
http://www.chukei.co.jp

落丁・乱丁本はご面倒でも、下記KADOKAWA読者係にお送りください。

送料は小社負担でお取り替えいたします。

古書店で購入したものについては、お取り替えできません。

電話049-259-1100（9：00〜17：00／土日、祝日、年末年始を除く）

〒354-0041　埼玉県入間郡三芳町藤久保550-1

DTP／キャップス　印刷／シナノ　製本／越後堂製本

ISBN978-4-04-600229-7　C2034